논·술·세·계·대·표·문·학

20

플루타르크 영웅전

플루타르코스 | 이동진 엮음

H 훈민출판사

이집트의 피라미드와 스핑크스
– 클레오파트라는 이집트 프톨
레마이오스 왕조 최후의 여왕으
로, 시저와 안토니우스 두 사람
의 사랑을 받았다.

The Best World Literature

알렉산더 대왕과 크사네의 결혼

이수스 전투에서의 알렉산더

그리스의 아카데미

그리스의 아테네 시내 전경

알렉산더 대왕

그리스의 파르테논 신전

로마의 전차 경기장

The Best World Literature

로마의 카이사르 신전

로마의 판테온 광장

구인환(丘仁煥)

서울대학교 사범대학 졸업. 동 대학원 졸업(문학박사)
서울대학교 명예교수, 소설가(현). 서울대학교 사범대학 국어교육연구소 소장(현)
문학과문학교육연구소 소장(현). 국제펜 한국본부 부회장(현)
한국소설문학상(1987). 예술문화대상(1994). 한국문학상(2000)
작품 〈숨쉬는 영정〉, 〈살아 있는 날들〉, 〈일어서는 산〉 외 다수

• 저서 《한국단편소설의 이해》, 《한국현대소설의 비평적 성찰》,
  《고교생이 알아야 할 소설》, 《고교생이 알아야 할 세계단편소설》 외 다수

윤병로(尹柄魯)

성균관대학교 국어국문학과 졸업. 동 대학원 졸업(문학박사)
성균관대학교 교수, 문학평론가(현). 한국현대소설학회장(현)
한국문예학술저작권협회 이사(현). 한국간행물윤리위원회 위원(현)
한국펜 문학상(1987). 한국문학상(1988). 대한민국문학상(1989)
수필집 《나의 작은 애인들》 외 다수

• 저서 《현대 작가론》, 《한국 현대 소설의 탐구》,
  《한국 근대 작가 작품 연구》, 《한국 현대 작가의 문제작 평설》 외 다수

홍성암(洪性岩)

고려대학교 국어국문학과 졸업. 한양대학교 대학원 국어국문학과 졸업(문학박사)
동덕여자대학교 교수, 소설가(현). 한국문인협회 회원(현)
한국소설가협회 이사(현). 국제펜 한국본부 소설분과 이사(현). 한민족 문화학회 회장(현)
창작집 《큰 물로 가는 큰 고기》, 《어떤 귀향》 외
대하역사소설 《남한산성》(전9권) 외 다수

• 저서 《문학의 이해》, 《현대 작가론》, 《한국 근대 역사소설 연구》 외 다수

기
획
·
감
수

옛 로마 군인의 복장

논술 *세계대표문학*을 펴내며

　　21세기의 사회는 '**전자 문명 시대**'라 일컬어질 만큼 오늘날 전자 산업은 우리 생활의 거의 모든 분야에 다양하게 응용되고 있습니다. 출판 분야 또한 예외는 아니어서, 종래의 서책(Book) 대신에 이른바 '전자책(CD-ROM)'의 출간이 최근 들어 날로 증가하고 있습니다.

　　그러나 이러한 전자책은 영상 또는 모니터상으로 흥미 위주나 백과사전식 지식을 습득하는 데는 효과적일지 모르지만, 문학 공부를 위해서는 별로 도움이 되지 않습니다. 바꾸어 말하면, 문학 공부는 각 지면마다 살아 숨쉬는 표현 하나하나를 독자 자신의 머리로 음미하면서 작품을 읽어 나가는 가운데, 풍부한 상상력의 배양과 함께 작가의 의도와 그 작품의 내면을 깊이 있게 이해함으로써 이루어지는 것입니다.

　　이에 훈민출판사에서는, 자라나는 학생들이 범람하는 영상 매체에 길들여지기 전에, 어려서부터 유명한 세계문학 작품들을 책자를 통하여 감명 깊게 읽고 감상함으로써, 올바른 문학 공부의 기틀을 다지고, 아울러 전인 교육도 할 수 있도록 《논술 세계대표문학(전60권)》을 펴내게 되었습니다.

　　작품 선정은, 초 · 중 · 고등학교 국어 교과서와 역사 교과서에 실리거나 소개된 문학 작품을 중심으로 하되, 그리스 신화와 성경 이야기 등의 고전에서부터 중세 · 근대 · 현대에 이르기까지 세르반테스 · 셰익스피어 · 톨스토이 등 세계 유명 작가들의 장 · 단편 소설들을 엄선 · 수록하였습니다. 또 세계의 명시도 별권으로 엮었으며, 특히 각 단락마다 '**논술 문제**'를 제시하여, 장차 대학입시를 비롯한 각종 '논술 고사'에 예비 지식을 쌓을 수 있도록 배려하였습니다. 아무쪼록, 이 《논술 세계대표문학(전60권)》이 자라나는 학생들에게 문학 공부의 주춧돌이 되고, 나아가 미래를 살아가는 데 **정신적 자양분**이 되기를 진심으로 바라 마지않습니다.

훈민출판사

차례

플루타르크 영웅전

플루타르코스

지은이

46?~120? 그리스 보이오티아의 카이로네이아에서 출생. 아테네에서 철학 공부를 하고 후에는 로마에서 철학을 강의했다. 대부분의 시간을 그리스·이탈리아·이집트 등을 여행하면서 자료 수집과 연구를 하며 보냈다. 〈플루타르크 영웅전〉은 인물 묘사가 탁월하고, 그리스 로마에 대한 생생한 역사를 다루고 있어 중세의 많은 소설과 시의 토대가 되었다. 그 외의 작품에는 역사와 종교, 철학적 주제를 다룬 수필집 〈윤리론집〉이 전한다.

플루타르크 영웅전

테미스토클레스

헤라클레스 광장에서 몇 명의 아이들이 서로 엉겨붙어 뛰놀고 있었다. 그들 중 한 아이는 친구들이 노는 것을 지켜볼 뿐, 깊은 생각에 잠겨 있었다.

'아, 나도 훌륭한 연설가가 되어 아테네를 다스리는 위대한 사람이 되고 싶어.'

광장에서 놀고 있던 한 아이가 손짓을 하며 소년의 이름을 불렀다.

"테미스토클레스! 뭐 하고 있어? 어서 이리 와!"

"난 그만 집에 가겠어."

노는 아이들 틈에서 빠져 나온 아이는, 테미스토클레스의 곁으로 다가왔다.

"웅변 연습하려고 그러니?"

"응."

"그래 봤자 평민 출신인 우리가 얼마나 출세를 할 수 있겠어?"

친구의 말을 들은 테미스토클레스는 이를 악물었다.

"아니야! 아테네는 점점 민주주의 국가로 나아가고 있어. 꼭 귀족 출신의 명문 집안이라야 성공한다는 생각은 버려야 해."

"하지만 우린 가진 것도 없잖아?"

"앞으로 그런 것은 중요하지 않을 거야. 우리 평민들도 정치에 참여할 수 있는 제도가 생기리라고 믿어. 그까짓 돈 따위는 중요하지 않아."

아직 어린 소년인 테미스토클레스는, 자신감에 넘쳐 친구의 말을 무시했다. 이 당시에는 귀족과 평민의 계급이 갈려져 있어서, 서로 어울려 놀지도 않을 정도였다. 테미스토클레스는 어린 시절부터 가난한 평민 집안 출신으로 귀족 아이들로부터 많은 놀림을 받아 왔지만, 그럴수록 마음을 굳게 먹었다.

'흥, 어차피 부모에게서 물려받은 신분과 재산이라는 것은, 없어질 수도 있는 거품 같은 거야. 오직 자신의 길은 스스로 개척해 나가야 해. 비록 당장은 내 처지가 저 귀족 집안의 아이들만큼은 못하지만, 난 마음만 먹으면 무엇이든지 될 수 있어.'

테미스토클레스는 늘 자신을 채찍질하며, 훌륭한 연설가가 되기 위해 공부를 게을리하지 않았다. 하지만 늘 밤을 지새우며 정치와 역사, 경제 등 어려운 책을 읽곤 하는 테미스토클레스를 아버지는 별로 달가워하지 않았다.

"얘야, 이제 그만 자거라."

"읽던 책만 마저 읽고 잘게요."

밤이 늦은 줄도 모르고, 정치에 관한 책을 읽고 있는 아들을 본 아버지는 벌컥 화를 냈다.

"그따위 책들은 읽어서 뭐하겠냐?"

"아……, 아버지."

"어서 당장 치우지 못하겠니!"

언제부터인가 아버지는, 테미스토클레스가 정치에 관한 책들을 읽고 있는 것을 보면 심하게 꾸중을 하시곤 했다. 할 수 없이 읽던 책을 덮고

잠자리에 든 테미스토클레스는 여러 가지 생각이 떠올랐다.

'아버지는 왜 내가 정치가가 되려는 것을 싫어하시는 걸까?'

이런 일이 있은 뒤, 테미스토클레스는 자신이 좋아하는 책을 읽다가도 아버지가 들어오시는 기척이 나면, 얼른 책을 숨기곤 했다. 하지만 아버지도 테미스토클레스가 정치가가 되려는 꿈을 버리지 않았다는 것을 눈치챘다.

'휴, 어쩌면 좋지? 아직도 저렇게 열심히 정치에 관한 책만 들여다보고 있으니.'

어느 날, 단단히 결심을 한 아버지는 조용히 테미스토클레스를 불렀다.

"애야, 외출 준비를 해라."

"어디를 가려구요?"

"가 보면 알 게다. 서둘러 나오너라."

아버지의 뒤를 따라 도착한 곳은 어느 바닷가 근처였다.

"여기가 어딘가요?"

"오늘 아버지가 네게 할말이 있다. 저기로 가자."

그들이 발길을 멈춘 곳에는 부서진 배 한 척이 덩그러니 놓여 있었다. 아버지는 그 배를 한 번 쓰다듬고는 말문을 열었다.

"네 꿈이 뭐지?"

"훌륭한 정치가가 되어서, 아테네를 그리스 최고의 국가로 만들고 싶어요."

테미스토클레스는 아주 자신감이 넘치는 목소리로 대답했다. 순간 아버지의 얼굴에는 근심어린 표정이 스쳤다.

"그래, 훌륭한 생각을 가졌구나. 하지만 여기 부서진 배 한 척을 봐라."

"네?"

테미스토클레스는 아버지가 말하고자 하는 뜻을 이해할 수 없었다.

"바로 이 배가 정치가의 운명과 같다고 할 수 있단다. 처음엔 사람들이 정치가를 존경하며 받들지라도, 결국엔 이 배처럼 사람들에게 버림을 받고 말 거야."

"개인적인 욕심을 버리고 아테네와 사람들을 위해 열심히 일한다면 그런 일은 없을 거예요."

"시민들은 작은 일에도 마음이 오락가락해서 아무리 훌륭한 정치가일지라도 한 순간에 뒤돌아서는 걸 여러 번 봐 왔다."

하지만 테미스토클레스는 아버지의 뜻을 따를 생각이 없었다.

"만약 그렇다고 하더라도 제 운명으로 받아들이겠어요. 아테네를 위한 훌륭한 정치를 펴고도, 그런 평가를 받는다면 할 수 없지요. 전 꼭 정치가가 되고 싶어요."

"테미스토클레스……."

아버지는 아들의 굳은 결심에 더 이상 할 말이 없었다. 단지 아들이 정치가의 꿈을 펼쳐 나가는 것을 옆에서 지켜볼 뿐이었다.

그 후 테미스토클레스는 더욱더 학문에 힘써, 나이가 들수록 점점 현명한 청년으로 자라났다. 친구들 앞에서 하던 간단한 연설은 점점 사람들의 입에 오르내리게 되었고, 차츰 그의 이름도 알려졌다.

그가 스무 살 되던 때, 도편 추방 제도가 생겨났다. 이 제도는 부정부패를 막기 위한 것으로, 모든 아테네 시민들이 광장에 모여 부정한 정치인을 골라 도자기 조각에 이름을 쓴 뒤, 그 표가 6천 표 이상이 되면 나라 밖으로 내쫓는 방식이었다. 단, 아테네 시민권과 재산은 그대로 두되, 부패한 정치인만 10년간 외국으로 추방하는 제도였다.

이 제도로 인해 아테네 시민들은 강력한 힘이 생기게 되었다. 이 때문에 평민 출신의 보잘것없는 테미스토클레스는 시민들의 힘을 업고 정치가로 나설 수 있었다.

'드디어 내가 정치가의 길로 들어섰구나. 나를 믿고 일을 맡긴 시민들을 위해 더욱더 열심히 일해야겠다.'

일단 정치의 길로 들어선 테미스토클레스의 인기는 갈수록 치솟아, 서른네 살의 나이에 벌써 집정관(그리스 최고의 직책. 지금의 국무총리 직에 해당됨)이 되었다. 그는 아테네 안의 일뿐만 아니라, 주변 국가들의 움직임을 늘 살피곤 했다.

'페르시아가 아테네를 가만 내버려두지 않을 텐데. 무슨 꼬투리라도 잡아서 쳐들어올 게 뻔해. 그 전에 무언가 대비책을 마련해야겠어.'

이런 생각을 가지고 있던 테미스토클레스는, 페르시아가 공격해 올 경우를 대비해서 삼면이 바다로 둘러싸인 지형을 이용하기로 했다.

"그래, 우선 항구를 개발하고 되도록 군함을 많이 준비해 두도록 해야지."

집정관의 지위에 있는 그는 곧 몇 년간에 걸쳐 70여 척의 군함을 만들고 병사들을 시켜 관리를 했다.

그리스는 아테네, 스파르타 등 여러 작은 도시 국가들이 모여 이루어진 곳이었다. 이곳에서 떨어져 나간 이오니아는 이 무렵, 페르시아의 공격을 받아 매우 위태로운 지경에 처해 있었다. 이오니아에서는 곧 스파르타에 사신을 보내 도와줄 것을 간청했다.

"부디, 군대를 파견해서 페르시아의 침략을 막아 주시오."

"우리 나라에까지 페르시아 전쟁의 불똥이 튀는 것은 싫소. 당신 나라 일에는 참견하지 않겠소."

"페르시아는 우리 이오니아뿐 아니라, 그리스의 여러 나라를 하나씩 먹으려 들 것이오. 지금 힘을 합해 대항하지 않으면, 결국 그리스는 페르시아의 손에 넘어가고 말 것이니 두고 보시오."

하지만 스파르타에서는 귀담아들으려 하지 않았다. 그러자 이오니아에서는 다시 아테네를 찾아 구원의 손길을 내밀었다.

"우리 이오니아를 도와주시오. 그 은혜는 절대 잊지 않겠소."

"흠, 잠시 기다리시오."

테미스토클레스는 곧 회의를 열어 의원들과 상의했다. 자신들의 국가인 아테네 역시, 페르시아의 공격을 받을 날이 멀지 않았다는 것을 테미스토클레스는 의원들에게 잘 설명하였다. 곧 아테네의 20여 척의 군함이 이오니아를 향해 출발했다.

"뭐라고? 감히 아테네가 이오니아를 도와, 우리 페르시아를 공격한다고?"

"사실입니다."

페르시아의 왕 다리우스는 신하가 전하는 말을 듣고 벌컥 화를 냈다. 이오니아와의 작은 싸움은 페르시아의 승리로 끝이 났다. 이 일로 다리우스 왕은, 그리스의 여러 나라에 대해 다시 한 번 생각하게 되었다.

'안 되겠군. 작은 도시 국가들이라고 해서 얕잡아 보았다간 큰일나겠어. 위험한 싹은 어릴 때 뽑아 버려야 해.'

페르시아의 다리우스 왕은 곧 회의를 열었다.

"어떻게 하면 그리스의 여러 도시들을 우리가 다스릴 수 있겠느냐?"

"제게 좋은 수가 있습니다."

한 신하가 앞으로 썩 나섰다.

"말해 보시오."

"그리스의 여러 나라를 모두 대적한다는 것은, 우리의 힘을 쓸데없이 낭비하는 것입니다. 우선 우리에게 굴복하지 않는 나라들을 가려내야 할 것입니다."

"어떻게 말이오?"

"페르시아 사신을 그리스의 여러 도시 국가로 보내, 그들의 물과 흙을 바칠 것을 명령하십시오. 그런 다음 이에 복종하지 않는 나라를 본보기로 해서 혼을 내주는 것입니다."

다리우스 왕은 흡족한 듯이 고개를 끄덕였다.

"그거 좋은 생각이오. 물과 흙을 바치는 나라들은 우리에게 복종을 하겠다는 것일 테고, 그렇지 않으면 무찌르자는 말이로군."

"그렇습니다."

곧 사신들이 그리스의 여러 나라로 서둘러 파견되었다. 그리스의 힘이 약한 대부분의 여러 도시 국가들은, 강대국인 페르시아의 요구대로 자신들의 땅에서 난 흙과 물을 줄 수밖에 없었다. 하지만 그리스에서 제법 힘이 강한 스파르타는 사신의 요구를 거절했다. 몇 년 전부터 페르시아와의 전투를 예상하고 있었던 테미스토클레스가 있는 아테네 역시, 페르시아 다리우스 왕이 보낸 사신을 형편없이 대했다.

"우리 땅의 흙과 물을 바칠 수 없다면 어쩔 셈인가?"

"페르시아의 힘을 알고 하는 소리요?"

"흠, 페르시아가 무척이나 우리 아테네를 갖고 싶은가 보군. 그렇다고 순순히 항복을 할 수는 없지."

사신은 테미스토클레스의 부릅뜬 두 눈에 잠시 할말을 잃었다. 하지만 용기를 내어 마지막으로 물었다.

"그렇다면 우리 페르시아와 싸우겠다는 말이로군? 흥, 아테네의 운명도 얼마 남지 않은 것 같소."

"뭐라고? 여기가 어디라고 함부로 입을 놀리는 게냐?"

테미스토클레스는 자신의 의지를 확고히 하기 위해, 페르시아에서 온 사신을 우물 속에 처넣으라고 명령했다. 이 사실은 곧 페르시아의 다리우스 왕에게 보고되었다.

"애송이 같은 테미스토클레스가 감히 우리 페르시아에게 대항하려 하다니, 도저히 참을 수 없다!"

화가 머리끝까지 치밀어오른 다리우스 왕은, 곧 전쟁을 선포했다. 군함 6백여 척에 15만 명의 군사를 이끌고, 아테네의 북동쪽에 있는 마라톤이라는 벌판에 도착했다.

아테네에서는 곧 회의를 열어 밀리아데스 장군을 선두에 내세우기로 하고, 머리를 맞대고 작전을 세웠다.

"페르시아의 대군은 이미 드넓은 벌판에 진을 치고 있소. 정면으로 대결한다면 우리 편이 질 게 뻔하오."

"그럼 어떻게 하면 좋겠소?"

"좁고 험한 골짜기를 이용하여 페르시아 군을 유인해 내기로 합시다. 그렇게 하면 아무리 날쌘 페르시아 기병도 꼼짝 못할 것이오."

이러한 작전은 잘 맞아떨어졌다. 좁은 골짜기에서 어쩔 줄 모르고 헤매는 페르시아 기병을 향해, 아테네의 화살이 사정없이 빗발치듯 쏟아졌다.

"만세!"

"와, 페르시아 병사들이 도망가는 꼴 좀 봐라!"

마라톤 평원의 전투는 아테네의 승리였다. 군사들을 총지휘했던 밀리아데스 장군은, 아테네에 이 기쁜 소식을 빨리 전하기 위해 병사 한 사람을 불렀다.

"서둘러 승전의 소식을 아테네 시민들에게 알려라!"

"예."

임무를 맡은 병사는, 아테네까지 무려 42킬로미터가 넘는 거리를 한 번도 쉬지 않고 달려갔다.

"여러분! 우리가 이겼어요!"

숨이 턱까지 차오른 병사는 이 한 마디를 남긴곤 그 자리에서 죽고 말았다. 이것이 나중에 올림픽 경기의 꽃인 마라톤의 시초가 되었다. 마라톤 전투에서의 승리로 인해, 아테네 시민들은 승리감에 들떠 있었다. 하지만 테미스토클레스만은 다른 생각에 빠져 있었다.

'이번 싸움이 전부가 아니다. 어이없게 진 페르시아에서는 반드시 기회를 엿보아 다시 아테네로 쳐들어올 것이 분명해.'

그는 사람들이 모인 광장에서 연설을 시작했다.

"여러분! 지금은 다시 힘을 모아야 할 때입니다. 페르시아가 다시 쳐들어올 때를 생각해서, 지금부터 2백 척의 군함을 준비해 두어야 합니다."

"무슨 소리요? 꽁지 빠지게 도망간 페르시아 인들이 뭘 믿고 다시 공격해 온단 말이오? 너무 걱정만 하는 것도 병이오."

아테네의 시민들은 테미스토클레스의 경고를 들은 척도 하지 않았다.

'아, 이 일을 어쩌면 좋단 말인가?'

여러 날을 걱정하던 테미스토클레스는 어느 날, 라우리움 광산을 지나치게 되었다. 광부들은 열심히 은을 캐고 있었다.

"옳지, 그렇게 하면 되겠어."

좋은 생각이 떠오른 그는, 시민들이 몰려 있는 광장으로 가서 사람들을 설득했다.

"자, 제 얘기 좀 들어 보시오. 우리들이 나누어 갖던 은을 한데 합해서 군함을 만들어 아에기나 섬의 해군을 공격합시다!"

아테네의 시민들은 그의 연설을 듣고, 옆에 사람들과 이야기를 나누었다.

"아에기나라면 늘 바다에서 우리를 괴롭히는 놈들 아닌가?"

"맞아, 그 해군 놈들이라면 지긋지긋해."

"얼마 나누어 받지도 못하는 은을 한데 모아 군함을 여러 척 마련해서 그들의 공격에 대비한다면, 그놈들도 우리를 함부로 보지는 못할 게 아닌가?"

테미스토클레스의 깊은 속뜻을 눈치 채지 못한 사람들은 너도나도 군함을 만드는 데 힘을 합했다.

'됐어. 이제 열심히 군함을 만드는 일에 전력하면 돼.'

이즈음 마라톤 전투를 승리로 이끌었던 밀리아데스 장군이 세상을 떠나자, 아테네는 테미스토클레스와 아리스테데스 두 사람에 의해 지휘되었다.

"테미스토클레스는 머리가 대단히 좋은 사람으로, 난처한 상황을 만나도 갖은 수단과 방법을 써서 해결해 내곤 하지. 그에 비해 아리스테데스는 늘 한결같은 사람으로, 자신이 믿는 신념은 목에 칼이 들어와도 바꾸지 않을 사람이야."

"자네 말이 맞아. 아리스테데스는 정말 존경스러워."

사람들은 두 사람을 이렇게 이야기하곤 했다. 테미스토클레스는 어린 시절 친구이기도 했던 아리스테데스에 대해 나름대로 평가했다.

'아리스테데스는 좋은 사람임에 틀림없어. 하지만 내가 이루려는 아테네의 미래와는 뜻이 잘 맞지 않아. 나중에 힘든 상대가 되기 전에 이쯤에서 몰아내는 게 좋겠어.'

그는 시민들의 의견을 묻는 도편 추방 제도를 이용해 일을 꾸몄다.

"여러분! 아리스테데스는 우리들이 지금 하고 있는, 아에기나 인들을 물리치기 위한 군함을 만드는 일을 반대하고 있어요. 군함을 만드는 일을 끝내면 그동안 아에기나 해군들에게 빼앗겼던 여러분의 재산을 모두 찾을 수 있어요. 그런데 아리스테데스는 이를 시기하여 반대를 하고 있는 것입니다."

"아리스테데스를 추방하라!"

"아테네에서 아리스테데스를 몰아내라!"

시민들은 자신들의 재산을 늘리는 일을, 아리스테데스가 가로막고 있다는 사실에 고함을 치며 분노했다. 이 모습을 멀리서 지켜보던 아리스테데스는 가슴이 답답하기만 했다.

'자신들이 지금 테미스토클레스의 야심에 빠져 이용당하고 있다는 사실을 모르고 있으니, 이 일을 어쩌면 좋단 말인가? 아에기나 섬의 해군을 무찌른다는 것은 한낱 구실에 불과한 것인 줄도 모르고.'

하지만 아리스테데스는 당장 뛰쳐나가 시민들에게 변명하려 들지 않았다.

'언젠가는 시민들 스스로 깨닫는 날이 오겠지.'

이렇게 생각한 그는 시민들의 결정을 받아들여, 결국 나라 밖으로 쫓겨나는 신세가 되고 말았다. 이제 아테네에서 아무것도 거칠 게 없는 테미스토클레스는, 항구와 군함을 만드는 일을 착착 진행시켜 나갔다.

이 즈음 페르시아에서는 다리우스 왕의 뒤를 이어, 아들 크세르크세스가 왕위에 올랐다.

"아버지의 한을 풀어 드리기 위해 그리스를 쳐부술 것이다."

몇 년 간 그리스를 공격하기 위한 준비를 단단히 한 크세르크세스는, 헬레스폰투스 해협을 건너 그리스로 향했다.

"큰일났습니다. 페르시아의 어마어마한 대군이, 지금 헬레스폰투스 해협을 건너 이리로 오는 중입니다."

"흠, 예상은 하고 있었지만 우리가 상대하기엔 엄청난 대군이군."

곧 그리스의 여러 국가들은 코린트에 모여, 머리를 맞대고 의논을 하였다.

물밀듯이 몰려온 페르시아 군대는, 곧 아테네 북쪽에 있는 테르모필레에 이르렀다. 이 곳은 한 면은 바다로, 다른 한 면은 험한 절벽으로 이루어진 곳으로, 그 사이에 난 좁은 길은 수레가 한 대 지나갈 정도로 비좁았다.

"이런, 길이 몹시 험하군. 아테네로 들어가는 다른 길이 없나?"

"이 곳 지리에 밝은 안내인의 말로는, 이 길 외에 다른 길은 없다고 합니다."

"이거 참, 하는 수 없군. 이 곳을 뚫고 지나갈 수밖에."

크세르크세스 왕은 곧 병사를 시켜, 그리스 군사의 동정을 살피고 오라고 명령했다. 잠시 후에 돌아온 병사가 보고를 했다.

"테르모필레의 정세를 알아봤느냐?"

"예, 지금 그 골짜기에는 스파르타 군 3백 명이 진을 치고 있습니다. 그 자들은 지금 한창 머리를 다듬고 있는 중이랍니다."

"뭐? 머리를 다듬고 있다니?"

페르시아 왕은 깜짝 놀라 되물었다.

"사실입니다. 스파르타 인들은 대대로 내려오는 관습대로, 죽기 직전에 자신의 모습을 단정히 한다고 합니다."

"그렇다면 결국 이번 싸움에 별 희망을 걸지 않겠다는 뜻인가 보군."

"아닙니다. 스파르타 인들은 자신들의 국가를 위해 목숨을 내놓고 싸울 각오라고 합니다. 자유와 평등을 위해서 말입니다."

"바보가 아닌 이상에야 저렇게 적은 숫자로, 어떻게 우리의 엄청난 대군을 대항하려고 한단 말인가?"

페르시아 왕은 도무지 이해를 할 수가 없다는 듯이 머리를 내저었다. 곧 스파르타 군의 레오니다스 왕이 이끄는 군사와, 페르시아 군대 간에 일대 격전이 벌어졌다.

"공격하라!"

"공격 개시!"

양쪽에서 쏘아대는 화살은 하늘을 뒤덮을 만큼 엄청났다. 비록 적은 수의 스파르타 군이었지만, 죽을 각오를 하고 테르모필레를 지키는 그들을 페르시아 군사들은 도무지 당해 내지 못했다. 스파르타 군사들은 화살이 빗발쳐 와도 겁을 내기는커녕, 오히려 하늘을 덮어 서늘한 그늘을 만들어 주니 잘 되었다고 할 정도로 두려움이 없었다.

"저 스파르타 놈들은 도무지 지쳐 보이는 기색이 없으니, 어찌 된 셈인지 모르겠군."

"우리 쪽의 부상자만 점점 늘고 있으니 큰일이로군."

페르시아 군사들은 이제 눈치를 보며 슬금슬금 뒤로 물러서고 있는 상황이었다. 페르시아의 크세르크세스 왕은 이 사실을 보고받았다.

"이런, 그까짓 3백 명의 스파르타 군사를 당해 내지 못하고, 부상자만 내고 있다니……."

하지만 마냥 부하들 탓만 하고 있을 수는 없었다.

"이 근처에서 되도록 오래 산 사람을 붙잡아 오너라!"

"옛?"

명령을 받은 병사는 무슨 영문인지를 몰랐으나, 페르시아 왕이 시키는 대로 이 근처에 살고 있는 농부 한 명을 왕 앞으로 데려갔다.

"자, 받아라."

"이게 무엇입니까?"

농부는 페르시아 왕이 던진 자루를 열어 보았다.

"아니, 이건 황금이 아닙니까?"

"그 정도면 네 평생 먹고도 남을 것이다. 대신 내게 이 골짜기를 지나갈 수 있는 지름길을 가르쳐 다오."

황금에 눈이 먼 어리석은 농부는, 주저하지 않고 페르시아 왕에게 테르모필레 요새를 벗어날 수 있는 길을 가르쳐 주었다. 페르시아 왕은 곧 천 명의 군사를 선발하여, 지름길을 이용해 스파르타 군의 뒤를 공격하게 했다.

"페르시아 군사가 뒤쪽에서 공격해 오고 있습니다."

"그게 정말이냐?"

스파르타 군의 레오니다스 왕은 순간 당황한 빛이 역력했다. 하지만 이내 마음을 굳게 먹고 병사들을 격려했다.

"어차피 우리는 이 곳에 오기 전에 이미, 테르모필레를 지키다가 죽기로 모두 맹세를 하지 않았는가? 자, 스파르타를 위해 마지막까지 최선을 다하자!"

"테르모필레를 지키자!"

"최후까지 테르모필레를 지키자!"

레오니다스 왕의 맹세에 스파르타 군은 환호성을 질렀다. 페르시아 군대는 앞뒤로 스파르타 군을 조여들어왔다. 활과 창이 날아다니고 사람들이 쓰러져 나갔지만, 스파르타 군사들은 창이 없으면 맨손으로 이를 악물고 싸웠다. 이러한 치열한 전투로 페르시아에서는 크세르크세스 왕의 두 형제까지 죽고 말았다.

"더 이상 참을 수 없다! 뒤로 물러서는 놈들은 내 칼이 용서치 않으리라!"

페르시아 왕의 독기어린 격려로 인해, 결국 스파르타의 3백 명의 결사대는 모두 테르모필레에서 숨을 거두고 말았다. 이 치열한 전투를 기념한 기념비가 아직도 테르모필레에 남아 있다고 한다.

"자, 이제 우리 앞을 막을 자는 없다. 앞으로 진격하라!"

첫 승리를 맛본 페르시아 왕은 남으로 남으로, 그리스를 향해 쳐들어

왔다. 바다 위에서도 1천2백 척의 페르시아 함대가 위풍도 당당하게 몰려오고 있었다. 이에 비해 그리스 군의 함대는 겨우 280척뿐이었다. 스파르타 군은 바다 쪽엔 신경을 쓰고 있지 않았던 터라, 가지고 있는 군함이 겨우 열 척 정도였다. 이에 반해 아테네는 테미스토클레스가 그동안 준비해 온 덕분으로 127척의 군함을 가지고 있었다.

"해군의 총사령관직은 테미스토클레스에게 맡기기로 합시다."

"무슨 말이오? 그래도 그리스에서 가장 군사력이 강한 스파르타에서 총사령관이 나와야 할 것이오."

"그렇게 치자면 함대를 가장 많이 가지고 있는 아테네에서 당연히 해군의 총사령관직을 맡아야 할 것이 아니오?"

해군의 총사령관직을 두고 티격태격 다투는 광경을 지켜보던 테미스토클레스는 앞으로 나섰다.

"지금 이렇게 싸우고 있을 시간이 없소. 적의 해군은 벌써 우리 코 앞에 다가와 있단 말이오. 그리스 연합 해군의 총사령관직은 스파르타 군에서 뽑도록 하시오."

결국 이렇게 양보를 한 덕에 해군의 총사령관직은 스파르타의 유리비아데스가 맡기로 합의했다.

"자, 앞으로 진격하라!"

곧 전투를 알리는 불길이 바다에서 솟아올랐다. 하지만 그리스 연합 해군의 장군들은 서로 눈치만 보며 싸울 생각을 하지 않았다.

'저 어마어마한 페르시아 해군을 어떻게 상대한단 말인가? 말로만 들었지, 실제로 와서 보니 계란으로 바위치기로군.'

이들 여러 장군들 중 특히 아르키텔레스 장군이 이번 싸움을 반대하고 나섰다.

"난 그만 돌아가야겠소. 페르시아 해군과 싸움을 벌인다는 것은 결국 병사들의 목숨만 헛되이 버릴 뿐이오. 게다가 이제 내가 거느린 병사들에게 줄 봉급도 다 떨어졌으니, 이 곳에 머물러 있을 수가 없소."

"아르키텔레스 장군의 말이 옳소."

"이번 싸움은 해 보나마나요. 나도 고국으로 돌아가겠소."

해군 장군들은 너나할것없이 이번 싸움에서 빠지려고 했다.

'안 되겠군. 무슨 수를 쓰지 않으면, 이번 싸움은 싸워 보기도 전에 물러서게 되겠어.'

테미스토클레스는 은밀히 병사 한 명을 불러 지시를 내렸다. 명령을 받은 테미스토클레스의 병사는, 곧 아르키텔레스가 머물고 있는 곳에 몰래 들어가 돈과 음식을 훔쳐 가지고 나왔다. 그리고 다시 그것을 심부름꾼을 시켜 아르키텔레스 앞으로 보냈다.

"여기 테미스토클레스 장군님께서 보내 주신 물건과 편지를 가지고 왔습니다."

심부름꾼이 들고 온 테미스토클레스의 편지 내용은 다음과 같았다.

여기 심부름꾼 편에 보내 주는 음식으로 식사를 하시고, 보낸 돈으로 병사들의 밀린 봉급을 주시오. 이후로 다시 이 곳을 떠나 본국으로 돌아가겠다는 소리를 한다면, 페르시아 군에게 뇌물을 받았다는 소문을 퍼뜨릴 것이오.

편지를 읽고 난 아르키텔레스 장군의 얼굴은 시뻘겋게 달아올랐다.

"이런, 여우 같은 놈……!"

이제 아르키텔레스를 비롯한 여러 장군들은 더 이상 돌아가겠다는 말을 꺼내지 못했다. 어느 새 페르시아의 대함대가 오레오스 해협에 이르렀다.

"먼저 공격하지 말라. 오레오스 해협의 지형을 이용하면, 우리에게 이번 싸움은 어려운 것만은 아니다."

테미스토클레스의 말처럼 이 곳은 매우 비좁은 해협으로, 큰 페르시아 함대가 움직이기에는 자유롭지 못했다. 지형을 파악하지 못한 페르시아 함대는, 제대로 그리스 연합군을 상대도 해 보지 못한 채 우왕좌왕했다.

"안 되겠다. 일단 오레오스 해협 밖으로 배를 돌려라!"

페르시아 함대 사령관이 명령했다.

"함대를 후퇴시켜라!"

뒤로 도망치는 페르시아 해군을 향해 그리스 연합군은, 해협을 벗어나지 않으면서 총공격을 했다. 결국 페르시아 해군의 4분의 1밖에 안 되는 그리스 연합군이 승리를 거둔 셈이 되었다.

"만세!"

"페르시아 해군이 물러갔다!"

그리스 연합 해군들은 서로 부둥켜안고 눈물을 흘렸다. 의외의 패배를 당한 페르시아 해군은 분해서 어쩔 줄을 몰랐다.

"어디 두고 보자. 이대로 물러서지는 않을 테다!"

해협 밖으로 내몰린 페르시아 함대는, 다시 날이 밝기를 기다리며 바다 한가운데 떠 있었다. 하지만 하늘이 돕지 않은 탓인지 그날 밤, 세찬 비바람과 폭풍우가 밀려왔다.

"사람 살려!"

"배가 가라앉고 있어!"

페르시아 병사들은 갑자기 몰아닥친 하늘의 재앙에, 어찌할 바를 모르고 발만 동동 굴렀다. 이로 인해 페르시아 함대는 큰 손해를 보게 되었다. 부서지고 가라앉은 배가 거의 6백 척에 가까웠다. 연락병에게 페르시아 해군의 간밤의 피해 소식을 들은 그리스 연합군은, 만세를 부르며 좋아했다. 하지만 기쁨도 잠시뿐, 얼마 후 육지의 전투 소식이 전해졌다.

"무슨 일인가?"

"테르모필레 요새가 페르시아 군에게 무너졌습니다. 지금 적군들이 헤아릴 수 없을 정도로 아테네 쪽으로 몰려오고 있습니다."

"이런!"

테미스토클레스는 가슴이 철렁 내려앉았다.

'이를 어쩌면 좋단 말인가? 이제 아테네는 적들의 땅이 될 수밖에 없단 말인가?'

하지만 그대로 주저앉아 있을 수만은 없었다. 테미스토클레스는 오레오스 해협을 빠져 나와 아테네로 말을 달렸다.

"아테네 시민들이여! 지금 페르시아 대군이 이리로 쳐들어오고 있다고 합니다."

테미스토클레스의 말에 시민들은 놀라며 떠들어 댔다.

"그리스 연합군들은 뭘 하고 있었던 거야?"

"이제까지 우리가 열심히 만들어 놓은 함대도 다 쓸모가 없단 말인가?"

"우리는 이제 어떻게 되는 거야?"

테미스토클레스는 침착한 말투로 아테네의 시민들을 설득했다.

"우리가 살 길은 오직 한 가지뿐입니다. 이 아테네를 버리고 떠나는 것입니다. 우선 노인과 아녀자들은 서둘러 살라미스로 보낸 뒤, 남자들은 모두 저와 함께 바다로 나가 페르시아 군을 물리치도록 합시다!"

"말도 안 되는 소리요! 어떻게 우리의 조상 대대로 살아온 이 아테네를 버리고 떠난단 말이오?"

"옳소! 죽는 한이 있더라도 이 곳을 지킵시다!"

시민들의 결의는 참으로 눈물겨웠다.

'참으로 훌륭한 시민들이다. 얼마 있으면 페르시아 군이 몰아닥쳐 죽음이 눈앞에 있는데도 이 곳에서 죽을 각오를 하다니.'

하지만 이대로 감정에 빠져 있을 시간이 없었다. 이러다간 아테네 땅뿐만이 아니라 아테네 시민들까지 모두 잃게 되는 것이다. 테미스토클레스는, 아테네 시민들이 이제까지 굳게 믿어 온 그리스의 신들을 이용하기로 마음먹었다.

"아테네 시민들을 구하는 일은 신관(신전에서 일을 보는 사람)에게 달려 있소. 제발 내 말을 믿고 나를 도와주시오."

"무슨 뜻인지 알겠어요. 장군이 시키는 대로 하겠소."

"고맙소."

신관은 신전에 모인 아테네 시민들을 향해 신의 계시를 일러 주었다.

"신들은 이미 아테네를 버리셨소."

난데없는 신관의 한 마디에 시민들은 웅성거렸다.

"그럼, 우리는 앞으로 누굴 믿고 따르라는 것이오?"

"우리에게 갈 길을 말씀해 주시오."

마치 기다렸다는 듯이 신관이 분명하게 대답했다.

"당신들도 신들이 떠난 이 곳을 버리고 떠나십시오. 사방이 나무로 이루어진 곳으로 가시오."

"나무로 이루어진 곳이라니?"

테미스토클레스는 이 때다 싶어 앞으로 썩 나섰다.

"그건 바로 배를 가리키는 말일 겁니다. 신들도 어서 이 곳을 떠나 배로 옮겨 탈 것을 여러분들에게 가르쳐 주고 있어요."

"할 수 없군."

그제야 아테네 시민들은 이 곳을 떠날 결심을 하고 서둘러 준비를 했다. 살라미스로 떠나는 가족들과 이별한 젊은이들은 테미스토클레스의 뒤를 따라 배에 올랐다.

얼마 후, 아테네에 도착한 페르시아 군은 텅 빈 도시를 보고 기가 막혔다.

"이런, 벌써 어디론가 도망가 버리고 아무도 없잖아!"

페르시아 군은 홧김에 아테네 곳곳에 불을 질렀다. 활활 타오르는 불길은 도시 전체를 검은 연기로 휩싸이게 했다. 잿더미로 변한 아테네 소식을 전해 들은 테미스토클레스는, 흐르는 눈물을 삼키며 결심했다.

'꼭 원수를 갚아 주겠다. 기다려라, 페르시아여!'

곧 그리스 연합군은 회의를 열었다. 먼저 테미스토클레스가 나서서 의견을 내놓았다.

"살라미스 해전에서 페르시아 군을 무찔러야 합니다."

"아니오, 그건 위험한 짓이오. 일단 코린트 해협으로 물러났다가, 다시 기회를 봐서 싸우는 것이 좋을 것이오."

두 가지 상반된 의견을 두고 투표가 시작되었다. 결과는 그리스 연합군들의 다수결에 의해, 코린트 해협으로 물러나는 것으로 결정되었다.

'이렇게 후퇴만 하다간, 결국 페르시아 군에게 지고 말 게 뻔한 일이야. 병사들과 시민들의 사기가 충천해 있을 때 공격을 해야 하는데.'

일단 연합군측의 의견을 따르기로 했지만, 테미스토클레스의 걱정은 날이 갈수록 점점 깊어져 갔다.

"아테네마저 잃어버린 우리에게 더 이상 돌아갈 곳은 없다. 이번 싸움에 지게 되면, 아테네 시민들은 어디로 간단 말인가? 연합군측의

결정에 그대로 따른다는 것은, 앉아서 죽음을 맞이하는 것과 같다.'

단단히 마음을 굳힌 테미스토클레스는 즉시, 연합군의 총사령관으로 있는 유리비아데스를 찾아갔다.

"무슨 일이오?"

"지난번 연합군의 회의에서 내린 결정에 대해 드릴 말이 있소."

"그 일은 이미 끝난 일이 아니오?"

유리비아데스 사령관은 더 이상 할말이 없다는 표정이었다.

"그렇지 않소. 이 곳 살라미스에서 우리의 함대가 물러선다면, 페르시아와의 싸움은 점점 힘들어지게 될 것이오."

"지금 섣불리 페르시아 대군을 건드려 봤자 무슨 이득이 있겠소?"

"사령관은 싸움의 기본 법칙도 모르는 모양이로군. 만약 이대로 물러선 뒤에 결국 그들의 발 밑에 무릎을 꿇게 된다면, 당신이 우리 아테네 시민 모두를 책임지겠소?"

"뭐요?"

테미스토클레스의 말투에 유리비아데스 역시 눈을 부라리며 대들었다. 하지만 총사령관인 유리비아데스는 감정을 억누르며 말했다.

"좋소. 정 그렇게 지난번 결정에 승복하지 못하겠다면, 다시 한 번 회의를 열도록 하겠소. 하지만 이번이 마지막인 줄 아시오."

"그럼, 회의장에서 봅시다."

다시 열린 회의에서도 역시, 테미스토클레스의 적극적인 공격 주장에 대해 찬성하는 사람은 그리 많지 않았다.

"무슨 경기를 하든지 서두르는 선수는 좋은 성과를 얻지 못하는 법이오."

유리비아데스가 테미스토클레스의 성급한 성미를 빗대어 한 마디 하자, 그 곳에 모인 장군들은 한바탕 웃어젖혔다.

"하하하, 총사령관의 말이 옳소."

"그렇고말고. 올림픽 경기에서는 함께 출발을 해야지, 먼저 뛰어나가는 놈은 마땅히 쫓아내야 할 것이오."

이 소리를 듣고 가만히 있을 테미스토클레스가 아니었다.

"경기에서 우승은 한 명만 있으면 족합니다. 처진 선수는 아무 대접을 받지 못하지요."

"무슨 말을 그렇게 함부로 하는 거요?"

"이번 살라미스 해전 역시 마찬가지입니다. 뒤로 도망만 치다가는 독안에 든 생쥐 꼴로, 페르시아 군의 먹이가 되고 말 겁니다. 여러분, 다시 한 번 잘 생각해 보시고 결정을 내려 주시기 바라오."

조리 있게 자신의 의견을 말하는 테미스토클레스에게, 찬성표를 던지는 장군도 있었다. 하지만 여전히 그를 비웃는 장군들이 많았다.

"당신은 입이 열 개라도 할말이 없을 텐데."

코린트의 장군이 빈정거리는 말투로 나섰다.

"지금 내게 하는 말이오?"

"그렇소. 당신의 나라 아테네를 두고 하는 말이오. 이제 잿더미로 변해 버렸으니 아무것도 없는 사람이 무슨 내세울 게 있다고?"

테미스토클레스는 기가 막혔다.

'흠, 나라가 없어진 주제에 뭘 그렇게 나서냐는 말이로군. 같은 연합군의 처지로서 저런 몹쓸 말을 하다니.'

화가 머리끝까지 치밀어올랐지만, 테미스토클레스는 오히려 아무렇지도 않은 듯 침착하게 대답했다.

"아테네는 아직 죽지 않았소. 페르시아 군에게 점령당한 곳에 그대로 머물러 있으면서, 그들의 노예로 일평생을 사는 것은 원치 않소. 우리에게 아직 2백 척의 군함과, 아테네의 시민들이 생생히 살아 있는 게 보이지 않소? 게다가 우리 아테네 시민들은 당신네들처럼 앉아서, 모든 일을 대충 처리하는 겁쟁이들이 아니오.”

“우리를 겁쟁이라고?”

“없어진 아테네 땅은 새로운 곳을 찾아 개척하면 될 것이오. 앞으로 우리는 이 곳에서 한 발짝도 물러서지 않을 테니까, 당신들 마음대로 하시오.”

테미스토클레스는 연합군과 달리 행동할 것을 선포하고 말았다. 그러자 여기저기서 수군거리는 소리가 들려왔다.

“저 사람이 단단히 화가 난 모양이군.”

“휴, 아테네 함대가 우리 연합군에서 빠져 버린다면 우리는 결국 빈 껍데기가 아닌가?”

“괜히 테미스토클레스를 건드려 놓은 것 같군.”

회의는 별다른 진전이 없이 어느 쪽으로도 판가름이 나지 않았다. 총사령관인 유리비아데스가 나서서 회의를 마무리지었다.

“오늘은 너무 시간이 늦었으니 다음에 다시 한 번 모이기로 합시다. 자, 이만 회의를 끝내겠소.”

테미스토클레스는 자신의 방으로 돌아와서 곰곰이 생각에 잠겼다.

‘이러다간 시간만 보내는 꼴이 되겠어. 그렇지! 그렇게 하면 되겠다.’

그는 그 동안 포로로 잡아 두었던 페르시아 사람을 불렀다.

“페르시아 왕에게 보내는 편지를 자네가 좀 전해 주게.”

“걱정 마십시오.”

연합군들이 눈치채지 못하게 페르시아 군대 쪽으로 건너간 페르시아인 포로는, 페르시아 왕 크세르크세스에게 편지를 전달했다.

“연합군의 장군 테미스토클레스가 전하는 밀서입니다.”

“그래? 이리 가져오게.”

편지 내용은 다음과 같았다.

　　페르시아 대함대의 위세에 눌린 그리스 연합군은 도망칠 기회만 엿보고 있습니다. 저는 아테네의 장군 테미스토클레스로서 이 사실을 알려 드리는 바이니, 부디 그리스 연합군의 길목을 막아 공격하시기 바랍니다.

페르시아 왕은 마치 이번 싸움이 판가름이 난 것처럼 흡족한 웃음을 지었다. 한편, 연합군 진영에서 방 안을 왔다갔다하며 서성이던 테미스토클레스는 딴생각을 하고 있었다.

　'지금쯤 편지가 페르시아 왕의 손에 넘어갔겠지. 아마 내가 페르시아에 비밀 첩자 노릇을 하고 있는 줄 알 거야. 하지만 이렇게 해야만 도망갈 길이 막혔다는 것을 알고, 그들이 공격을 하게 하는 것이 바로 내 계획이었어.'

다음 날, 연합군측의 우두머리들이 모여 다시 회의를 열었다. 물론 테미스토클레스도 이 자리에 참석했다. 또다시 몇 가지 의견으로 나뉘어 서로 말다툼을 하고 있을 때였다. 밖에 있던 병사 한 명이 들어왔다.

"밖에 아테네 장군님을 뵈러 손님이 찾아오셨어요."

"누군가?"

"아리스테데스라고 전하라고 합니다."

그 순간 회의장은 술렁이기 시작했다.

"아리스테데스라면 도편 추방 제도로 외국으로 추방된 사람이 아닌가?"

"맞아, 내가 알기론 테미스토클레스와는 정치적 생각이 다른데, 왜 하필 이런 때 테미스토클레스를 찾는지 모르겠어."

하지만 테미스토클레스는 회심의 미소를 지었다. 곧 회의장을 나가 손님을 접대하는 방에서 두 사람은 마주 앉았다.

"오랜만이군."

"내가 없는 동안 나라 꼴이 말이 아니군. 이제 피하지 않고 정정당당히 자네와 겨루기 위해 일부러 여기까지 찾아온 걸세."

테미스토클레스는 한숨을 쉬는 척했다. 그는 이미 아리스테데스가 이곳으로 오리라는 것을 알고 있었다.

"휴, 이 곳도 끝났네. 연합군측에서는 이미 코린트 해협으로 물러나는 쪽으로 결정이 났으니, 더 이상 아테네를 위해서 할 일은 없네."

"그 문제라면 안심해도 되네."

"무슨 소린가?"

"이 곳으로 오는 도중에 페르시아 군대의 상황을 알아봤다네. 적들은 벌써 연합군이 물러날 길을 막아 놓고 있단 말일세."

테미스토클레스는 마음속으로 만세를 불렀다.

'오, 내 계획이 성공했구나.'

하지만 테미스토클레스는 기쁜 마음을 억누르고, 아무렇지도 않은 표정으로 아리스테데스를 설득했다.

"이번엔 자네가 나서서 연합군 사령관들을 설득해 주도록 하게. 이미 후퇴할 길은 막혀 버렸으니, 페르시아 군과 맞서 싸우는 길밖에 남지 않았다고 말이야. 자네가 그들에게 직접 말한다면 훨씬 결정하기 쉬울 걸세."

"좋아, 그렇게 하지."

순진한 아리스테데스는 영리한 테미스토클레스에게 넘어가서, 그가 시키는 대로 여러 나라의 사령관들을 설득했다.

"일이 이렇게 된 바에야 싸우는 수밖에 없군."

"아리스테데스의 말대로 나가서 싸웁시다!"

"뒤로 물러서지 말고 페르시아 군과 맞서 싸우자!"

드디어 살라미스 섬에서 그리스 연합군과 페르시아 군이 전투를 벌이게 되었다.

살라미스 섬의 언덕 위에서 아테네의 노인과 부녀자들이, 이번 전투를 걱정하며 바다를 내려다보고 있었다.

얼마 후, 그리스 함대가 페르시아 군이 진을 치고 있는 곳 가까이 다가왔다. 진격의 북소리가 울리고, 곧 왼쪽으로 길게 늘어선 그리스 함대가 페르시아 군의 옆을 공격하기 시작했다.

"그리스 함대 앞으로 출격하라!"

사령관의 명령을 받은 페르시아 군대는 기세도 등등하게 배를 달려 돌진했다. 이 때, 맑던 하늘에 갑자기 먹구름이 몰려오더니, 파도가 거세지기 시작했다. 테미스토클레스는 마치 때를 기다렸던 것처럼 손뼉을 치며 좋아했다.

"드디어 파도가 높이 치는구나."

"아니, 자네는 이 사실을 알고 있었단 말인가?"

"자, 조금만 기다리게. 더 놀랄 일이 벌어질 걸세."

높은 파도에 휩쓸려 부서지는 배들은 거의 페르시아 함대였다. 밑바닥이 얕고 평평한 그리스의 함대에 비해, 갑판이 높고 앞뒤가 위로 올라간 페르시아 함대는, 갑자기 몰아닥친 파도에 속수무책으로 침몰하고 있었다.

"자, 이 때를 놓치지 말고 총공격하라!"

그리스 함대는 이리저리 재빨리 움직이며, 움직임이 둔한 페르시아 함대를 사방에서 무찔렀다. 양 옆에서 그리스 함대의 공격을 받은 페르

시아 함대는, 제대로 손을 써 보지도 못하고 무너져 갔다.

사방에선 페르시아 군의 울부짖는 소리와 함께 도망가는 군사들이 늘어만 가자, 그리스 연합군측에서는 환호성을 질렀다.

"와, 페르시아 군이 도망가는 꼴 좀 봐라!"

"승리는 우리 것이다!"

페르시아 왕 크세르크세스는 이 꼴을 보고 너무나 기가 막혔다.

"이럴 수가! 애송이 같은 아테네 함대에게 우리 페르시아 대군이 맥을 못추고 도망을 치다니……."

더 이상 지켜볼 수 없었던 페르시아 왕은 곧 명령을 내렸다.

"이대로 저놈들을 가만 놔둘 수 없다. 그리스 함대가 늘어선 저 해협을 모래와 흙으로 덮어 버려라. 그리고 저 살라미스 언덕에서 환호성을 지르는 아테네 사람들을, 한 놈도 남기지 말고 모조리 죽여 버려

라!"

"분부대로 하겠습니다."

페르시아 군의 행동은 즉각 연합군측에 보고되었다. 테미스토클레스 역시 이 사실을 알고, 서둘러 대책을 마련하기 위해 아리스테데스를 불렀다.

"지금 적들이 우리 함대를 산 채로 묻으려고 하는데 어쩌면 좋겠소?"

"글쎄."

"아예 저들이 돌아갈 길인 헬레스폰투스 해협의 다리를, 병사들을 시켜 끊어 버리는 것이 어떻겠소?"

"아니오. 그건 좋지 않은 방법이오. 궁지에 몰린 쥐는 고양이를 무는 법이니, 만약 그렇게 한다면 저들은 독이 바싹 올라서, 죽을 각오로 이 싸움에서 물러서지 않을 것이오. 오히려 돌아갈 수 있는 다리를 하나 더 만들어 주어, 그만 물러가도록 도와주는 것이 좋을 듯합니다."

사실 이런 생각은 테미스토클레스 역시 짐작하고 있던 일이었다. 하지만 자신이 나서서 일을 처리할 경우, 연합군측의 반발이 있을 것을 짐작하고, 아리스테데스의 지시인 것처럼 보이게 하려고 했던 것이다. 그는 다시 페르시아 포로 한 명을 페르시아 군대로 몰래 들여 보내 페르시아의 크세르크세스 왕을 만나 보도록 하였다.

"저는 그리스 연합군의 포로가 된 페르시아 병사입니다. 아테네의 테미스토클레스 장군의 전갈이 있습니다."

"어서 말해 보게."

"그리스 연합군은 살라미스 싸움의 승리에 힙입어 헬레스폰투스 해협의 다리마저 끊고, 페르시아 군의 돌아갈 길을 완전히 막아 두겠다고 합니다."

"저런 몹쓸 놈들!"

페르시아 왕은 화가 치밀어올랐다.

"하지만 아테네의 테미스토클레스만이 페르시아 군이 무사히 돌아갈 수 있도록, 그리스 군대의 출발을 늦추는 데 힘을 쓰고 있습니다. 어서 서둘러 본국으로 돌아가시는 것이 더 이상의 피해를 내지 않을 듯합니다."

"할 수 없군."

페르시아 왕은 포로의 말대로 한 부대만을 남겨 둔 채, 함대를 돌려 본국으로 돌아갔다. 테미스토클레스의 철저한 계획대로, 그리스 연합군은 살라미스 해전에서 큰 승리를 거두게 되었다. 남겨진 페르시아의 한 부대는 그리스의 몇몇 곳을 휘저으며 시민들을 괴롭혔으나, 그것도 얼마 가지 못했다. 결국 그리스의 병사들에게 붙들린 페르시아 병사들은 시민들로부터 돌팔매질을 당했다.

그리스에서 더 이상 페르시아 군사들을 찾아볼 수 없게 되자, 테미스토클레스는 다음 일을 계획했다.

'이제 그리스에서 아테네를 최고로 만드는 거야.'

그 첫 번째 일로, 그리스 연합군에 가담하지 않고, 페르시아 편에 섰던 여러 섬들을 굴복시키는 것이었다.

"자, 이제 페르시아 군은 물러갔소. 앞으로 우리 아테네가 이 곳 섬을 다스릴 것이오."

"당연한 말씀입니다."

"앞으로 때가 되면, 이 곳의 특산물과 세금을 거두어들일 테니 그렇게 아시오."

"알겠습니다."

그리스 근처의 섬들은 불평 한 마디 하지 않고, 테미스토클레스의 명령을 받아들였다. 그는 이제 그리스 어느 지역을 가든지 대단한 지지를 받았다.

"테미스토클레스 만세!"

"우리의 영웅 테미스토클레스 만만세!"

사람들은 이번 살라미스 해전에서 가장 공을 많이 세운 사람을 뽑기 위해 투표를 하기도 했다.

"결과는 보나마나야."

"암, 당연히 테미스토클레스지."

이런 환호는 아테네에서뿐만이 아니었다. 그리스 내에서 가장 힘이 센 스파르타에서도 테미스토클레스를 모셔다가 강연을 듣곤 했다.

"이번 살라미스 해전을 승리로 이끈 비결을 알려 주십시오."

"우선 저를 이 곳까지 초대해 주셔서 감사의 말씀을 드립니다. 이번 페르시아와의 해전은, 그리스 모두의 승리라고 할 수 있어요. 누구 한 사람의 공이 아니라 그리스 시민 전체의 단결된 힘입니다."

스파르타 사람들은 겸손한 테미스토클레스를 더 좋아하게 되었다.

"테미스토클레스에게 최고의 영예인 올리브 관을 내리자!"

곧 그의 머리에는 올리브 관이 씌워지고, 훌륭한 마차에 태워져 거리를 지나며 사람들에게 열렬한 환호를 받았다.

어느 날, 그가 올림픽 경기장에 나타나자 시민들은 열광하기 시작했다. 어떤 사람은 눈물을 흘리기도 했다.

"페르시아 군대를 단숨에 무찌른 영웅 테미스토클레스다!"

한 시민의 함성에 사람들은 그의 곁으로 우르르 몰려들었다. 잠시 뒤에 그 곳을 빠져 나온 그는 혼잣말처럼 중얼거렸다.

"이제까지 내가 애쓴 보람이 있구나. 난 드디어 아테네의 최고가 된 거야."

페르시아 군이 물러간 뒤, 한가로운 시간을 보내던 어느 날이었다.

"아버지!"

"오, 내 아들아. 무슨 일로 그렇게 급히 뛰어오는 게냐?"

테미스토클레스의 아들은 어머니가 자신의 뜻을 들어주지 않자, 너그러운 아버지에게 쪼르르 달려갔던 것이다.

"알겠다. 그걸 갖고 싶은가 보구나. 네 어머니께 아버지가 잘 말해 보마."

"와, 신난다!"

좋아라 펄쩍 뛰는 아들을 뒤로 하고, 테미스토클레스는 아내를 찾았다.

"여보! 이 아이가 원하는 물건을 사 주구려."

"어머, 나를 조르다가 안 되니까 당신에게까지 간 모양이로군요."

곧바로 자기의 뒤를 따라온 아들을 흐뭇하게 바라보고 있던 그는 다시 말문을 열었다.

"앞으로 이 아이는 그리스 최고의 인물이 될 것이오."

"네? 갑자기 그게 무슨 소리죠?"

테미스토클레스의 부인은 두 눈을 동그랗게 뜨며 의아해했다.

"하하하, 잘 들어 보시오. 앞으로 그리스 최고의 나라는 아테네가 될 것이고, 나는 그 아테네를 호령하는 최고의 자리에 앉을 것이오. 그러니 나를 꼼짝 못하게 만드는 이 아이가 그리스 최고의 사람이 아니고 뭐요?"

"당신도 참······."

테미스토클레스의 부인은 남편이 농담을 하는 것으로 받아들였다. 하지만 테미스토클레스의 이 말은 결코 허황된 이야기가 아니었다. 살라미스 전쟁이 끝난 뒤, 그리스 전역에서 그를 두려워하고 떠받들자, 그는 점점 교만해졌다.

한번은 살라미스 해전에서 죽은 페르시아 군의 시체가 바닷가 근처에 떠내려와 병사들이 살펴보고 있을 때였다.

"호, 귀금속이 꽤 많은데."

"그러게. 페르시아 병사들의 목걸이와 팔찌는 모두 금으로 만든 것이군."

아테네 병사들이 시체를 보고 떠들고 있을 때였다. 마침 그곳에 있던 테미스토클레스가 함께 온 친구를 돌아보며 한마디 했다.

"뭘 하고 있나?"

"나 말인가?"

"자네도 어서 저 값나가는 물건들을 하나라도 건지게."

친구는 어리둥절해하며 테미스토클레스를 바라다보았다.

"그리스의 영웅인 나야 그렇게 할 수 없지만, 자네 정도라면 저 물건들을 탐내도 아무런 일이 없을 거란 말일세."

"허 참……."

테미스토클레스의 우쭐대는 말을 들은 친구는 할말을 잃고 말았다. 이처럼 테미스토클레스는 날이 갈수록 점점 시민들과 곁에 있는 사람들을 멸시하는 말을 하면서 잘난 체를 하곤 했다. 이런 모습을 보다못한 한 친구가 테미스토클레스 앞에서 한 마디 해 주었다.

"요사이 자네의 코가 너무 높아진 게 아닌가?"

"지금 내게 하는 말인가?"

"그렇다네. 자네의 명성은 아테네라는 나라가 없었다면 결코 이루어질 수 없는 것이었네. 아테네와 시민들을 잊어서는 안 된단 말이네."

친구의 진정한 충고를 들은 테미스토클레스는 아무렇지도 않은 듯이 당당하게 대답하였다.

"흥, 자네의 말은 아테네에서 태어난 사람이라면 누구나 영웅이 될 수 있다는 말 같군. 하지만 영웅은 아무나 되는 게 아닐세."

날이 갈수록 테미스토클레스의 인기는 점점 떨어졌다. 아테네 국가에서도, 살라미스 해전을 내세워 권력을 휘두르려는 그를 경계하기 시작했다. 테미스토클레스가 눈치채지 못하고 있는 사이에, 아테네 시민들은 점점 그에게서 멀어지고 있었다.

그 무렵, 아테네를 중심으로 곧 그리스의 여러 나라가 바다의 해군에게 집중적인 관심을 쏟으려 하자, 테미스토클레스는 좋은 기회라고 생각했다.

'바로 지금이야. 내 공적을 내세워 아테네뿐만 아니라 그리스의 지도자로 나서야 해.'

그리스 여러 나라의 사령관들이 모인 자리에서, 테미스토클레스는 자신감을 나타내며 앞으로 불쑥 나섰다.

"살라미스 해전을 승리로 이끈 이때를 놓치지 말고, 북쪽 여러 나라가 우리의 발밑에 무릎 꿇도록 나서야 합니다."

사령관들은 그의 말에 고개를 끄덕였다. 잠자코 듣고 있던 아리스테데스가 자리에서 일어났다.

"난 그렇게 생각하지 않소."

"다른 의견이라도 있소?"

아리스테데스는 조용한 어조로 자신의 의견을 이야기했다.

"지금 그리스의 병사들은 페르시아 군과의 치열한 싸움을 끝낸 터라 많이 지쳐 있소. 다시 전투를 한다는 것은 매우 힘든 일이오. 게다가 아테네의 강력한 힘은 이미 여러 곳에서 다 알고 있는 마당에 왜 쓸데없이 전쟁을 하려고 한단 말이오?"

"아리스테데스의 말이 옳소."

그리스 여러 나라의 사령관들은 아리스테데스의 의견에 대부분 찬성하였다.

'흥, 감히 내 의견을 묵살하고 나섰단 말이지. 어디 두고 보자.'

테미스토클레스는 몹시 기분이 나빴지만, 지금으로선 어떻게 해 볼 도리가 없었다. 그 뒤로 에게 해의 델로스 섬에서 동맹이 체결됐다. 즉 그리스 여러 나라들이 앞으로 평화를 유지해 나가기 위해 각각 배와 군사, 돈을 내놓기로 약속한 것이다.

"그럼 델로스 동맹을 약속하고, 이 돈은 이 섬에 있는 아폴론 신전에 맡겨 두기로 합시다. 이제 이 돈을 관리할 사람이 있어야 할 텐데."

"시민들에게 누가 마땅한지를 물어보기로 합시다."

"그게 좋겠군."

결국 아테네 시민들의 지지를 얻은 아리스테데스가 델로스 동맹의 돈을 관리하는 사람으로 뽑혔다. 마음만 먹으면 얼마든지 자기 마음대로 돈을 주무를 수 있는 자리였지만, 남에게 한 점 부끄러움 없이 산 그는 철저히 여러 나라의 돈을 관리했다.

테미스토클레스는 자신이 목적한 바를 아리스테데스 때문에 뜻을 이루지 못하자 다른 방법을 찾았다.

'지금 아테네는 페르시아가 밟고 지나간 자리가 너무 크구나. 어서 빨리 성을 쌓는 일에 힘을 써서 국력을 회복해야겠다.'

그는 곧, 무너진 성벽을 쌓는 일의 중요성에 대해 연설을 했다.

"아테네 시민 여러분! 지금은 페르시아 군대가 무너뜨린 성을 쌓는 일이 가장 중요합니다. 예전보다 더 튼튼한 성벽을 쌓고, 불타 버린 집과 길을 다시 만듭시다!"

"테미스토클레스의 말을 따르자!"

"튼튼한 성벽을 쌓도록 하자!"

아테네 시민들은 너나할것없이 팔을 걷어붙이고 성을 쌓는 일에 열심이었다. 이 일은 곧 그리스 각국에 퍼져 나갔다. 특히 코린트와 아에기나 사람들은, 아테네 시민들을 곱지 않은 시선으로 지켜보았다.

"체, 살라미스 해전으로 아테네 사람들은 너무 잘난 체를 하고 다닌단 말이야."

"맞아, 아마 성을 쌓는 일도 그들의 힘을 더욱더 강화하려는 속셈일 거야."

코린트와 아에기나 사람들의 수군거림은 곧 스파르타에까지 흘러들어 갔다. 이 당시 그리스에서 가장 영향력이 큰 나라는 스파르타였다.

"뭐라고? 그 소문이 사실이란 말이냐?"

"그렇습니다. 아테네 시민들이 온 정성을 다해 성을 쌓는 이유도, 그리스에서 주도적인 세력을 잡으려는 욕심 때문이라고 합니다."

"그렇다면 우리 스파르타에게 간접적으로 도전장을 내민 셈이로군. 이대로 가만히 앉아서 두고 볼 수는 없다."

스파르타는 동맹 회의의 이름으로 아테네에 글을 띄웠다.

> 페르시아 군대가 휩쓸고 간 자리를 다시 일으키느라 수고가 많은 줄 압니다. 하지만 들리는 소문에 의하면, 대단히 튼튼한 성벽을 쌓느라 시민들이 괴로움을 당하고 있다고 합니다.
> 만약 그 성벽이 페르시아 군에게 넘어가는 일이 생긴다면, 그리스는 더 이상 그들을 막아 낼 힘이 없을 것이오. 그리스 지역에 평화의 나날이 계속되길 바랄 뿐이니, 전쟁을 대비해서 성을 쌓는 부질없는 짓은 그만두기 바랍니다.

아테네의 관리들은 어떻게 이 일을 처리해야 좋을지 몰라 고민에 싸였다.

"성을 쌓는 일을, 우리의 힘을 강하게 하려는 것으로 보고, 그리스 여러 나라에서 좋지 않은 시선을 보내고 있소."

"델로스 동맹으로 서로 간의 평화를 지키기로 합의를 했는데, 우리가 그 약속을 지키지 못하고 있는 듯하오."

"앞으로 어떻게 했으면 좋겠소?"

테미스토클레스는 별일 아니라는 듯이 아테네 관리들을 안심시켰다.

"걱정하지 마시고 성을 쌓는 일을 계속하시오. 내가 곧 스파르타로 가서 시간을 끌어 보도록 할 테니, 공사가 늦어지지 않도록 해 주시오."

"오, 그게 정말이오? 잘못하면 목숨을 잃을 수도 있어요."

"내 걱정은 마시고 시키는 대로 해 주시오."

테미스토클레스는 걱정스런 눈길을 뒤로 한 채 스파르타로 건너갔다.

"호, 아테네의 사령관께서 직접 오시다니!"

"이번 문제에 대해 서로 오해를 풀기 위해서 왔습니다."

스파르타에서는 테미스토클레스의 방문을 기분 좋게 받아들였다. 하지만 하루 이틀이 흘러도, 성을 쌓는 문제에 대한 회담은 하려고 들지 않았다.

"오늘은 도착 첫날이라 몸이 좋지 않군요."

"아, 오늘은 아침에 서둘러 먹은 음식이 체한 것 같소."

테미스토클레스는 늘 이런 식으로 핑계를 대곤 했다. 회담이 점점 늦추어지는 사이에, 아테네에서는 밤을 낮 삼아 성을 쌓았다. 그들은 땅을 빼앗긴 뼈저린 경험이 있었기 때문에, 다시는 고향 땅을 적군에게 내줄 수 없다는 강한 결심을 했던 것이다.

"조금만 더 열심히 합시다."

"이젠 두 번 다시 이 곳을 빼앗기지 않도록 성을 단단히 만듭시다."

"후손 대대로 물려줄 성벽을 이룰 테니 두고 보시오."

아테네 시민들은 한마음이 되어 성을 쌓는 일에 전력을 다했다. 스파르타에서는 다시 사람을 시켜 테미스토클레스를 불렀다.

"곧 회의가 열릴 것이니 참석하시라는 분부입니다."

"우리 아테네에서 몇 사람의 사신이 더 온다고 하니, 며칠 더 기다려 달라고 전하시오."

이런 핑계 저런 핑계로 버티던 그에게, 아테네의 성을 쌓는 일이 거의 마무리가 됐다는 전갈이 왔다.

'흠, 기다리던 보람이 있군.'

이 소식은 스파르타의 관리들의 귀에도 들어가게 되었다.

"괘씸한 놈들, 테미스토클레스를 포함한 사신들을 여기에 보내 놓고는 성을 쌓는 일을 끝내다니. 도저히 가만둘 수 없다!"

즉각 테미스토클레스가 스파르타의 관리들에게 불려 왔다.

"바른대로 말하시오."

"무얼 말이오?"

"우리를 바보로 아시오? 당신들이 여기 있는 동안, 아테네에선 성을 거의 쌓았다는 사실을 언제까지 숨기고 있을 작정이오?"

"허, 처음 듣는 일이오."

테미스토클레스는 시치미를 뗐다. 그러자 스파르타의 의원들은 더욱 화가 치밀었다.

"잘못했다고 빌어도 모자랄 판에 아예 모른다고?"

"아마 당신들이 헛소문을 듣고 그러는 모양인데, 그렇게 의심이 난다면 아테네로 사람을 보내 직접 알아보게 하면 될 것 아니오?"

"헛소문이라고?"

스파르타 의원들은 테미스토클레스가 전혀 모르는 일이라고 하자, 다시 한 번 사실을 확인하기로 했다.

"좋소. 우리 의원들을 보내 사실 여부를 알아보겠소. 하지만 사실이라는 것이 밝혀지는 날에는 당신들 목숨을 내놓아야 할 것이오."

"물론이오."

스파르타 사람들은 속는 셈치고 아테네로 의원들을 보냈다. 테미스토클레스의 얼굴에 묘한 웃음이 번졌다.

'바보 같은 녀석들.'

이번 일도 역시 테미스토클레스가 꾸민 것이었다. 아테네에 도착한 스파르타의 관리들은 모두 감옥에 갇히는 신세가 되고 말았다.

"뭐라고? 우리 스파르타 의원들을 모두 가두어 놓았다고?"

"예, 아마 계획된 일인 것 같습니다."

"계획된 일이었다니?"

"이 곳에 머물고 있는 테미스토클레스를 비롯한 아테네의 사신들과 우리 의원들을 바꾸자는 전갈이 왔습니다."

더 이상 참지 못한 스파르타 관리들은 테미스토클레스가 머물고 있는 곳으로 몰려갔다.

"이번 일도 당신이 꾸민 짓이지?"

"글쎄, 아테네의 시민이라면 성 쌓는 일을 반대할 사람은 없겠지. 게다가 적으로부터 더 이상 당하고만 있을 수가 없어서 한 일인데, 뭐가 그렇게 잘못됐단 말이오?"

테미스토클레스는 매우 당당하게 그들을 향해 말했다. 스파르타 관리들은 눈물을 머금고 양쪽의 관리들을 바꿀 수밖에 없었다.

이번 아테네가 벌인 공사는 피레우스 항구까지 이어지는 것으로, 이제 훌륭한 무역 항구도 가질 수 있었다. 성벽 공사 후, 아테네는 델로스 동맹에서 가장 힘이 센 국가로 인정을 받기 시작했다.

"자, 당신들 나라도 델로스 동맹에 참여하시오."

"알겠소."

아테네는 에게 해 여러 나라들을 돌아다니며, 자신들의 힘을 자랑하면서 델로스 동맹에 참여할 것을 강요했다. 이렇게 해서 2백 개가 훨씬 넘는 국가들이 델로스 동맹에 참여하게 되었다.

사람들의 마음이란 참으로 알 수 없는 것이었다. 전쟁이 한창일 때는 테미스토클레스와 같은 영웅을 떠받들고 환호하지만, 평화가 찾아오면 더 이상 전쟁 영웅은 필요치 않았다.

"아리스테데스에 비하면 테미스토클레스는 정말 잘난 척을 하는 것 같아."

"맞아, 아테네가 자신의 것인 줄 착각하고 있어."

"두 눈을 부라리며 거만을 떠는 꼴이란 정말 못 봐 주겠어."

사람들의 수군거림은 테미스토클레스의 귀에까지 들어가게 되었다. 어느 날, 그의 집을 찾아온 친구와 한가롭게 정원을 거닐었다.

"요사이 아주 재미난 이야기들이 떠돈다면서?"

"무슨?"

"하하하, 아마 자네도 들었을 걸세. 내가 아테네를 집어삼키려고 하니, 날 내쫓고 싶은 사람들이 셀 수가 없을 정도라지?"

테미스토클레스의 말에 친구는 잠시 할말을 잃었다.

"사실일세. 앞으로 말과 행동을 조심하게."

"아테네 시민들은 참으로 간사하군. 마치 더우면 오래된 나무를 찾아 더위를 식히다가도, 필요에 따라 그 나무의 잎을 모조리 따 버리기도 하니까 말일세. 그 동안 난 오직 아테네와 시민들을 위해서 살았네."

"자네 무척 마음이 상했군."

"요즘은 비참한 기분까지 든다네."

친구는 뭐라고 위로의 말을 해야 할지 몰라서, 그만 입을 다물어 버리고 말았다. 친구의 염려대로 테미스토클레스는 얼마 있지 않아 시민들의 판결을 받았다.

"들으시오. 테미스토클레스는 시민들이 도자기 조각으로 투표를 한 결과, 아테네를 떠나라는 결론이 났소."

"이것이 아테네를 위해 죽도록 일한 대가요?"

그는 자신이 아테네를 떠나야 한다는 사실이 믿어지지 않았다. 오직 억울한 마음으로 심장이 터질 것만 같았다.

'아리스테데스가 내가 꾸민 일로 아테네에서 추방당했을 때도 나와 같은 심정이었을까?'

처음엔 죽어 버릴까 하고 독한 마음을 품기도 했지만, 마음을 돌린 그는 아르고스로 건너가서 때를 기다렸다.

'언젠가 나를 필요로 할 날이 분명히 올 거야. 이대로 그냥 죽어 버린다면 너무 억울해. 난 아무 죄도 짓지 않았어. 단지 아테네 시민들의 마음이 변덕스러울 뿐이야.'

하지만 엎친 데 덮친 격으로, 그에게 다시 불행의 그림자가 다가왔다. 테미스토클레스가 다시 아테네로 돌아오는 것을 좋아하지 않던 무리들이 일을 꾸몄다.

"테미스토클레스는 분명 기회를 노리고 있을 거야. 만약 그가 돌아온다면 우리들은 살아남지 못할 거야. 외국으로 추방된 이 때, 아예 아테네에 발을 붙이지 못하도록 해야 해."

마침 이 즈음, 스파르타의 한 왕족이 강력한 힘을 갖춘 왕이 되고 싶어서 페르시아를 이용했다. 이 일은 곧 발각되어 그 왕족은 사형에 처해졌다.

"좋은 생각이 났어. 이번에 일어난 스파르타 왕족 사건을 테미스토클레스가 함께 일을 꾸몄다고 소문을 퍼뜨리는 거야."

"그래도 될까?"

"무슨 소리를 하는 거야? 테미스토클레스를 그냥 놔두었다간 우리가 당할지도 몰라. 이번이 참 좋은 기회야."

곧 이 무리들은 아테네의 관리들에게 손을 써서, 이 사실을 그대로 믿게 했다.

'결국 테미스토클레스가 반란을 일으켰군. 이 사실을 안 이상 그냥 둘 수 없지. 당장 잡아들여라!'

"예!"

아테네 병사들은 그를 잡기 위해 아르고스로 출발했다. 이 소식은 곧 테미스토클레스의 귀에 들어가게 되었다.

"갈수록 태산이군. 하지도 않은 반란죄를 또 뒤집어써야 하다니……."

실망의 빛이 가득한 테미스토클레스는 자신의 결백을 알리기 위해 곧장 아테네의 관리들에게 편지를 썼다.

> 아테네를 떠나 있으면서도 그 곳을 잊어 본 적이 하루도 없다. 늘 다시 나를 불러 주기만을 손꼽아 기다리고 있는데, 들리는 소문은 도무지 믿기 어려운 것들뿐이다.
>
> 그토록 힘들게 싸웠던 페르시아와 내가 손을 잡다니 말도 안 된다. 이건 필시 나를 해치고자 하는 무리들이 지어 낸 말일 것이니, 부디 소문을 철저히 조사해서 나쁜 무리들을 벌해 주기 바란다.

하지만 아테네의 관리들은 테미스토클레스의 말에 귀를 기울이지 않았다. 그를 잡기 위해 병사들이 이미 아르고스 근처에까지 이르렀다.

"예전에 아버지께서 말씀하시던 게 옳았구나. 정치가의 끝은 마치 더 이상 쓸모 없는 난파선의 운명과도 같다고 하시더니, 내 꼴이 이게 뭔가?"

하지만 이대로 붙잡혀 죽을 수는 없었다. 그는 곧 아르고스를 떠나 코르시카 섬으로 들어갔다. 그 곳에는 스파르타 병사들이 거리 곳곳을 누비고 있었다.

'안 되겠어. 스파르타 사람들은 내게 좋지 않은 감정이 많을 텐데.'

조국 아테네를 위해서 했던 일이 지금 자신에게 해악이 되어 돌아오고 있었다. 이미 예순 살이 되어 버린 테미스토클레스는 다시 숨을 곳을 향해 떠나야 했다. 다시 몇 군데를 더 거쳐 키메라는 곳에 이르게 되었다.

"휴, 이제야 안심이 되는군."

한숨을 돌리며 거리를 둘러보던 그에게, 그림 한 장이 눈에 들어왔다.

'어디서 많이 본 얼굴인데.'

사람들이 오가는 거리의 한 벽에 붙어 있는 그림을 자세히 들여다본 테미스토클레스는 깜짝 놀랐다.

'아니, 이 그림은 내 얼굴이잖아!'

그는 재빨리 헝겊으로 얼굴을 가리고, 그림 밑에 씌어진 글을 읽었다.

이 사람을 잡아오는 사람에게는 2백 달란트를 주겠다.
– 페르시아 왕.

테미스토클레스는 혹시라도 누군가가 자신을 알아볼까 봐 얼굴을 푹

수그린 채 그곳을 빠져나왔다. 이곳저곳을 다니며, 늙은 몸뚱어리를 숨길 만한 곳을 찾아보았지만 허사였다.

'아테네뿐만 아니라 스파르타와 페르시아에서도 나를 잡으려고 난리로군. 아, 이제 아무 데도 갈 곳이 없구나.'

그런 그를 불쌍히 여긴 한 친구가 충고를 해 주었다.

"여보게! 그러지 말고 스파르타나 페르시아 중 한 나라를 선택해서, 그리로 가는 게 좋을 것 같은데."

"말도 안 돼."

"그렇게 펄쩍 뛰지 말고 잘 생각해 보게."

"자네 말대로 적국을 택한다면, 나를 궁지로 몰았던 그 못된 무리들의 말이 사실임을 증명해 주는 셈이 된다는 걸 모르나?"

친구는 고개를 절래절래 흔들었다.

"이제 와서 자네가 결백하다고 해 봤자 누가 그걸 믿어 주겠나? 이미 아테네에서 자네는 끝났다는 걸 왜 모르나?"

"휴!"

테미스토클레스는 친구의 말이 맞다는 생각에, 절로 한숨이 새어 나왔다.

"이왕이면 그리스의 도시 국가인 스파르타보다는 페르시아를 선택하게. 그게 자넬 위해서도 나을 걸세."

결국 친구의 도움으로 테미스토클레스는 변장을 하고 페르시아로 숨어 들어갔다.

"왕을 만나게 해 달라고? 대체 자네는 누군가?"

"지금은 제 이름을 밝힐 수는 없습니다. 단지, 그리스의 한 시민이라는 것만 알아 두시기 바랍니다."

"만약 내 말대로 한다면 한번 생각해 보지."

페르시아 장군은 테미스토클레스를 향해 의미심장한 웃음을 지었다.

"제가 무엇을 하면 되는지 말씀해 주십시오."

"그리스 사람들은 자유와 평등을 소중히 여긴다고 들었소."

"사실입니다."

"우리 페르시아 인들은 왕을 하늘처럼 떠받들고 있소. 그래서 왕을 만나면 그 발 밑에 엎드려 절을 하는 것을 영광으로 여기고 있소. 당신도 그렇게 할 수 있겠소?"

잠시 머뭇거리던 테미스토클레스는 이내 고개를 끄덕였다. 페르시아 장군은 곧 그를 페르시아 왕에게 안내했다.

"자, 예를 갖추시오."

테미스토클레스는 약속대로 바닥에 몸을 엎드려 절을 하고 일어섰다.

"그대는 누군가?"

"아테네의 테미스토클레스입니다."

"그게 정말인가?"

페르시아 왕은 너무 놀라 믿어지지 않았다. 그를 여기까지 안내했던 장군을 비롯한 페르시아 신하들도 수군댔다.

"흥, 아테네 최고의 영웅이 제 발로 여기까지 찾아 들어오다니."

"그리스에서 쫓겨났다는 소문이 맞는 모양이군."

"살라미스 해전에서 우리 해군을 쑥대밭으로 만들어 놓고, 여기가 어디라고 찾아왔는지 모르겠군."

페르시아 신하들이 눈을 흘기며 수군대는 소리가 테미스토클레스의 귀에까지 들릴 정도였다.

"그래, 무슨 일로 이 곳까지 나를 찾아왔는가?"

"예전에 있었던 살라미스 해전을 기억하고 계실 줄 압니다. 그 때는 제 조국 아테네를 위해 최선을 다한 것이었으므로, 다른 오해는 하지 마시기 바랍니다. 그 당시 저는 페르시아 군대가 돌아갈 수 있도록 길을 터 주는 배려도 했습니다."

"그래서?"

테미스토클레스는 지금 자신의 처지를 말했다.

"이미 아테네는 저를 버렸습니다. 제 젊음을 모두 바쳐 아테네를 지켜 냈는데, 아테네는 지금 제게 반란죄를 씌워 수배령을 내렸습니다."

"그게 페르시아를 찾아온 이유인가?"

"페르시아 왕이시여! 당신을 믿고 목숨을 내걸고 찾아온 늙은 이 몸을 부디 내쫓지 말아 주시기 바랍니다."

페르시아 왕은 이 일을 어떻게 처리해야 좋을지 몰라 잠시 망설였다.

"그대를 페르시아에서 받아들이는 것은 내가 혼자 결정할 문제가 아니다. 신하들과 의견을 나누어 본 뒤에 연락을 해 줄 테니 기다리도록 하라."

테미스토클레스가 왕이 정해 준 숙소로 돌아간 뒤, 페르시아 왕은 회의를 열었다. 테미스토클레스를 받아들이자는 의견과 안 된다는 쪽으로 의견이 나뉘었다. 이제 페르시아 왕의 선택이 남아 있을 뿐이었다.

"여러분! 잘 들으시오. 나는 지난날 아테네의 영웅이었던 테미스토클레스를 페르시아의 신하로 받아들이는 쪽에 찬성하오. 그러니 여러분들도 거슬리는 점이 있더라도 내 뜻에 따라 주기 바라오."

다음 날, 날이 밝자 테미스토클레스는 다시 왕 앞에 불려 나왔다.

'아, 드디어 내 운명을 결정지을 순간이 왔구나.'

마음을 졸이며 페르시아 왕에게 인사를 올린 테미스토클레스는 왕의 처분을 기다렸다.

"여봐라! 저자에게 2백 달란트의 돈을 가져다주어라."

왕의 명령이 떨어지자 기다렸다는 듯이 한 병사가 테미스토클레스 앞에 돈 꾸러미를 놓아 두었다. 어리둥절해진 테미스토클레스는 멍하니 서 있을 뿐이었다.

"하하하, 놀라지 말게. 이 상금은 언젠가 자네를 잡기 위해 내걸었던 현상금일 따름일세. 자네는 오늘부터 페르시아 사람이야."

"오! 감사합니다."

"앞으로 우리 페르시아를 위해 열심히 일해 주게."

머리를 조아려 감사의 인사를 한 뒤, 테미스토클레스는 자신의 숙소로 돌아갔다. 의자에 앉아 창밖을 통해 무심히 하늘을 올려다보던 그는 왠지 울적해졌다.

'페르시아 왕은 참으로 너그러운 사람이구나. 이제까지 보았던 하늘이 오늘은 몹시도 달라 보이는구나.'

그가 페르시아에 머무는 동안, 왕은 무척 다정하게 대해 주었다. 중요한 일을 결정할 때가 되면, 으레 테미스토클레스를 찾아와 물어보곤 했다.

어느덧, 일 년이라는 세월이 쏜살같이 흘러갔다. 이제 테미스토클레스도 페르시아의 예의와 풍속이 낯설게만 느껴지지는 않을 정도가 되었다. 페르시아의 사람들도 더 이상 그를 적국의 신하로 대하지 않았다.

"테미스토클레스는 참으로 괜찮은 사람이야."

"그러게 말이야. 진작 페르시아로 건너왔으면, 훨씬 큰일을 해 냈을 텐데."

이런 칭찬의 말들이 심심치 않게 들릴 때면, 그는 마음 한구석이 허전해 지는 것을 느꼈다.

'아테네를 떠난 지도 오래됐군. 이곳 페르시아에 몸을 담고 있지만, 내 고향 아테네를 잊어버리기란 참으로 힘이 드는구나.'

드디어 그가 우려했던 일이 터지고 말았다. 이집트가 페르시아에 대해 반란을 일으킨 것이었다. 이집트는 곧장 주변의 국가들에게 구원의 손길을 내밀었고, 이 중에 아테네가 이집트를 도와 함대를 파견하였다.

"아테네 놈들, 어디 두고 보자! 살라미스 해전의 패배를 몇 배 더하여 갚아 줄 테니. 이번 전투의 사령관은 테미스토클레스다!"

페르시아 왕은 이를 갈며 복수의 칼을 갈았다. 이 소식을 전해들은 테미스토클레스는 난처한 입장이 되었다.

'이를 어쩌지? 결국 이런 날이 오고야 말았군. 하지만 내 조국 아테네를 향해 칼을 휘두를 수는 없지 않은가?'

그는 방 안을 이리저리 왔다갔다하며 고민했다.

'그렇다고 아테네에서 버림받은 나를 구해 준 페르시아 왕을 배신할 수는 없는 노릇이고. 아! 이게 무슨 운명의 장난이란 말인가?'

테미스토클레스는 마침내 한 가지 결단을 내렸다.

'남은 길은 한 가지뿐이다.'

그는 페르시아 친구들을 자기 집으로 초대해서, 성대한 잔치를 열었다. 그들은 고개를 갸우뚱거리며 테미스토클레스의 초대에 응했다.

"나라 안이 어수선한데 웬 잔치람?"

"아마 이번 전투에 출정하기 전에 우리들과 할 이야기도 있고, 식사도 할 겸 해서 불렀겠지."

"그런가?"

페르시아 친구들은 잘 차려진 잔칫상 주변에 자리를 잡고, 이번 전투에 대한 이야기를 나누었다. 하지만 웬일인지 이번 전투에 임명된 테미스토클레스는 별다른 말을 하지 않은 채, 손님들에게 음식만 권할 뿐이었다.

"잘 먹고 가네."

"즐겁게들 노셨다니 다행입니다."

손님들이 모두 돌아가고 난 뒤, 테미스토클레스는 하인들에게 피곤하다는 말을 남기고 방으로 들어갔다.

'이 상황에서 내가 할 수 있는 최선의 길은 죽음뿐이다. 내 조국 아테네여! 영원하길 빌겠다.'

그는 곧 준비해 두었던 약병을 꺼내 단숨에 마셔 버렸다.

"윽!"

외마디 비명을 지르며, 그는 낯선 땅 페르시아에서 생을 마쳤다. 전략의 영웅 테미스토클레스의 마지막 선택이었다.

알렉산더 대왕

"왕비, 어젯밤 꿈이 잊혀지지 않는구려."

"그래요? 무슨 꿈을 꾸셨나요?"

그리스 반도의 북동쪽에 있는 마케도니아의 왕 필리포스는, 왕비를 만난 자리에서 꿈 이야기를 꺼냈다.

"큰 사자 한 마리가 왕비의 품속으로 뛰어드는 꿈이었소."

"어머, 망측해라!"

왕비는 짐승의 왕인 사자라는 소리에 소름이 쫙 끼쳤다. 하지만 다음 날 왕비 역시 이상한 꿈을 꾸었다.

"마치 생시에 일어난 일 같아서 잊을 수가 없어요. 편안하게 낮잠을 자고 있는 제 배 위로 시뻘건 불덩어리가 떨어지더니, 곧 사방으로 번져 나가지 않겠어요?"

"호, 그거 참 신기하군. 아무래도 점을 치는 사람들을 불러서 물어 봐야겠군."

곧 필리포스 왕 앞으로 몇 명의 예언자들이 불려 나왔다. 왕과 왕비는 자신들이 꾼 꿈에 대해 자세히 말했다.

"예, 그건 앞으로 왕비님이 아기를 가질 징조입니다. 태어날 아기는 사자와 같이 용맹스럽고, 사방에 일어난 불처럼 전세계에 이름을 날린다는 좋은 징조입니다."

"그게 정말인가?"

마케도니아의 왕은 얼굴이 환해지면서 웃음을 감추지 못했다. 예언자들의 말처럼 왕비는 얼마 안 가 임신을 하게 되었고, 튼튼한 왕자를 낳았다.

알렉산더 왕자는 날이 갈수록 건강하고 씩씩하게 자라났다. 아직 소년이었지만, 알렉산더의 힘은 보통 어른을 이겨 낼 만큼 강했다.

"요즘 왕자는 어떻게 지내고 있소?"

"왕자님은 참으로 영특합니다. 문학과 음악 등 다방면에 재주가 뛰어나서, 가르치는 저희들도 놀라울 따름입니다."

필리포스 왕은 가끔 왕자의 스승을 만나 이야기를 나누곤 했다. 그럴 때면 늘 똑똑하고 용맹스러운 왕자라고 칭찬이 대단했다. 알렉산더 왕자는 거만하지 않게, 자기의 큰 꿈을 사람들에게 말하곤 했다.

"내 힘과 지혜를 세계 여러 나라의 영웅들과 겨루어 보고 싶어."

"분명히 때가 올 것입니다."

아버지 필리포스 왕이 그리스 여러 지방을 정복하고 돌아올 때면, 알렉산더 왕자는 별로 즐거워하지 않았다.

"알렉산더, 이 나라 사람들은 아버지의 승전 소식에 저렇게 좋아들 하는데, 어째서 너는 언짢은 표정을 하고 있느냐?"

"아닙니다. 저도 몹시 기쁩니다."

"아니야, 내 눈은 못 속인다. 어서 네 본심을 말해 보아라."

왕자의 마음을 어느 정도 알고 있는 필리포스 왕은, 짐짓 모르는 체

하고 물었다.

"사실은 아버지께서 주변의 나라들을 정벌하실 때마다, 제게 남은 몫이 점점 줄어드는 게 아닌가 하고 걱정이 됩니다."

"하하하, 그랬구나."

필리포스 왕은 한바탕 소리 내어 웃었다. 그리고 엄숙한 목소리로 왕자에게 일러 주었다.

"알렉산더, 너에게는 세계 정복이란 꿈이 있지 않니. 마케도니아 주변의 나라뿐만 아니라, 전세계를 바라보아야 한다. 알겠니?"

"물론입니다."

당당히 대답하는 알렉산더 왕자의 모습을 흐뭇한 눈길로 바라볼 뿐이었다. 어느 날, 명마 한 마리가 필리포스 왕에게 선물로 들어왔다.

"윤기가 번지르르한 게 매우 날렵해 보이는구나. 누가 저 말을 타 보겠나?"

부세팔로스라는 이름의 명마를 타 보기 위해, 이름난 장군들이 몰려들었다. 하지만 말은 사람이 올라탈 기미라도 보이면, 두 발을 들어 울어대곤 했다. 그러다가 억지로 타려고 하면, 이내 사정없이 사람들을 걸어차 버렸다.

"이런, 명마를 앞에 두고 한 사람도 탈 수가 없다니!"

"아무래도 사람들에게 길들여진 말이 아닌 것 같습니다. 저 말을 탈 수 있는 사람은 아무도 없습니다."

필리포스 왕은 혀를 끌끌 차며 못마땅해했다. 그 때였다. 왕의 곁에서 이 모양을 지켜보고 있던 알렉산더 왕자가 앞으로 나섰다.

"아버님, 제가 한번 해 보겠어요."

"호, 왕자가 해 보겠다고?"

"예, 제게 기회를 주십시오."

아직 어린 왕자인지라, 거센 말을 다루기에는 위험하지 않을까 하는 생각이 앞섰다. 하지만 왕은 그런 마음을 내색하지 않고 알렉산더 왕자에게 허락을 내렸다.

이젠 명마 부세팔로스 근처에 가는 것조차 두려워서 겁을 내는 사람들의 틈을 헤치고, 알렉산더 왕자는 당당하게 앞으로 걸어나갔다. 그리고 말고삐를 천천히 잡아당겨, 말의 머리를 해가 비치고 있는 쪽으로 끌어당겼다.

'이 말은 분명 자신의 그림자를 보고 겁을 내고 있는 거야. 그림자를 보지 못하게 방향을 돌려 준다면 더 이상 사나워지지 않겠지.'

알렉산더의 생각은 맞아떨어졌다. 왕자는 말을 쓰다듬으면서 잠시 말이 안정되기를 기다렸다. 그리고 천천히 말 위에 올라 고삐를 잡아당겼다.

"이랴!"

그 자리에서 꼼짝 할 것 같지 않던 말이 달리기 시작했다.

"와! 말이 달린다."

그 곳에 모여 있던 사람들은 흥분을 감추지 못했다. 필리포스 왕 역시 명마를 타고 달리는 왕자가 대견스러웠다. 이 일이 있은 뒤, 필리포스 왕은 알렉산더를 위해 당대의 유명한 철학자인 아리스토텔레스를 모셔 왔다.

"부디 알렉산더가 훌륭한 청년으로 자랄 수 있도록, 선생의 그 해박한 지식을 가르쳐 주시오."

"왕자님이 영특하다는 소문을 듣고 한번 보고자 했습니다. 이렇게 초대를 해 주시니 영광입니다."

아리스토텔레스를 만난 알렉산더는 하루가 다르게 지식의 폭이 넓어져 갔다. 지리, 천문, 과학, 의학, 문학, 예술 등 다방면에 가르침을 받

은 알렉산더는 이 때 세계의 대왕이 될 학문의 기초를 완성했다.

그로부터 3년 후, 아리스토텔레스는 필리포스 왕을 만나기를 청했다.

"이제 그만 떠나야 할 때가 왔습니다."

"무슨 소리요? 선생만 믿고 왕자를 맡겼는데 이렇게 가신다니?"

"허허, 알렉산더 왕자님은 이제 더 가르칠 것이 없습니다. 그래서 그만 떠나려는 것입니다."

아리스토텔레스는 자신이 맡은 일을 끝낸 뒤, 서둘러 마케도니아를 떠났다. 해가 바뀌면서 어느덧 열여덟 살이 된 알렉산더는, 이웃 나라 테살리아의 반란을 진압하기 위해 전투에 나섰다. 테살리아의 뒤에는 아테네와 테베가 도와주고 있었다.

'아테네와 겨루어 볼 수 있는 좋은 기회야.'

하지만 마케도니아 군대를 보고 지레 겁을 집어먹은 테살리아 쪽에서는, 싸우기도 전에 항복의 뜻을 전해왔다. 일이 너무나 싱겁게 끝나자 알렉산더는 실망했다.

"알렉산더, 아직 전쟁이 끝난 것이 아니다. 긴장을 늦추지 마라."

"이미 테살리아는 우리 쪽에 두 손을 들지 않았습니까?"

"그렇지 않아. 아테네와 테베가 그냥 있을 리 없다."

오랜 전투 경험을 가진 필리포스 왕의 말대로, 마케도니아의 강한 군대에 위협을 느낀 아테네가 그리스 연합군을 일으켜 싸움을 걸어 왔다. 그리스의 중심 평야 카이로네이아에서, 마케도니아와 아테네를 비롯한 그리스 연합군은 맞부딪쳤다.

"적이 공격할 때까지 섣불리 나서지 마라!"

필리포스 왕의 명령대로 침착하게 전투를 시작한 알렉산더는, 공격 명령이 떨어지자 마치 사나운 맹수처럼 적을 향해 돌진했다.

"덤벼라!"

"저기 마케도니아의 왕자가 있다! 놓치지 말고 따라 잡아라!"

명마 부세팔로스를 탄 알렉산더는 위험한 지경에 놓이기도 했으나, 카이로네이아를 누비며 그리스 연합군들을 무찔렀다. 카이로네이아 전투는 알렉산더의 용맹스러움에 힘입어 마케도니아가 승리했다. 필리포스 왕은 아들의 승전 소식에 기쁨의 눈물을 흘렸다.

알렉산더가 스무 살이 되던 해, 필리포스 왕은 암살되고 말았다. 아버지의 뒤를 이어 왕위에 오른 알렉산더는 슬퍼할 겨를이 없었다. 그 동안 필리포스 왕의 세력에 눌려 기를 펴 보지 못한 여러 나라들이, 젊은 왕 알렉산더를 우습게 보고 반란을 준비하고 있었다.

'우선 테살리아를 비롯한 여러 나라에 군대를 보내 반란을 막아야겠다.'

이 중에 제일 먼저 들고일어난 곳은, 카이로네이아 전투를 치렀던 그리스의 도시 국가 중 하나인 테베였다. 알렉산더는 사람들이 모인 자리에서 연설을 했다.

"아버지 필리포스 왕이 돌아가신 뒤로, 우리 마케도니아를 넘보는 나라들이 많아졌소. 이럴 때일수록 여러분의 단결된 힘이 필요하오. 그에 대한 보답은 섭섭지 않게 해 줄 것이오. 전쟁에서 얻은 모든 물건들은 모두 여러분의 것이 될 것이며, 내가 가진 재산도 없는 자들을 위해 쓸 것이오."

"알렉산더 대왕 만세!"

마케도니아 사람들은 손을 흔들며 젊은 왕을 환호했다. 알렉산더 대왕은 곧 군사를 이끌고 테베로 쳐들어갔다.

"반란을 일으킨 장본인들만 내게 넘겨 준다면 너희들을 용서하겠다!"

"호, 어린 애송이 주제에 말을 제법 잘하는군."

테베의 반란군들은 알렉산더 대왕의 말을 들은 척도 하지 않았다.

"저들은 죽기를 작정한 모양이로군. 자, 공격하라!"

"물러서지 말고 대항하라!"

테베는 아테네와 스파르타의 도움을 받고 있어서, 사기가 하늘을 찌를 듯했다. 마케도니아의 군사들도 만만치 않게 목숨을 걸고 싸웠다. 치열한 전투 끝에 테베는 알렉산더 대왕 앞에 무릎을 꿇고 말았다. 이 소식은 삽시간에 그리스 전역에 알려지게 되었다.

"마케도니아의 젊은 왕을 얕잡아 봤다가 이런 꼴을 당했다는군."

"그럼 곧 우리 차례가 될 텐데, 이거 큰일이로군."

"아니야, 젊은 왕 알렉산더는 항복을 한 나라에게는 자기 나라 국민들과 똑같이 대해 준다는 거야."

그리스의 여러 도시 국가들은 스스로 항복 의사를 전했다. 알렉산더 대왕은 약속대로 그들을 관대하게 대해 주었다.

용맹과 자비로 그리스를 단숨에 정복한 알렉산더 대왕은, 그 곳의 유명한 사람들로부터 축하의 인사를 받았다.

"오늘도 많은 사람들이 다녀갔군. 하지만 정작 내가 기다리고 있는 사람은 오지 않았구나."

"누구 말씀인가요?"

알렉산더 대왕은 실망의 빛을 드러내며 곁에 있던 병사에게 말했다.

"당대의 철학자 디오게네스 말이오. 사람들은 아마 '통 선생'으로 많이들 알고 있을 거요."

"아! 들은 적이 있습니다. 집을 따로 두지 않고 늘 통 속에서 산다는 기인 말씀이로군요."

"그렇소."

사람들의 존경을 받는 디오게네스는 늘 통 속에서 지내며, 아무런 욕심을 가지지 않았다. 먹을 것이 있으면 먹고, 없으면 물 한 잔으로 끼니를 때우곤 했다. 알렉산더 대왕은 그를 만나보고 싶어서, 사람을 시켜 불렀으나 오지 않았다.

"내일은 직접 디오게네스를 만나러 가야겠군."

작정한 알렉산더는 부하 한 명을 데리고 디오게네스를 찾아 나섰다. 듣던 대로 그는 통 속에 누워 따사로운 햇볕을 쬐고 있었다.

"디오게네스 선생이시죠? 전 마케도니아의 왕 알렉산더라고 합니다. 선생의 가르침을 듣고자 이렇게 찾아왔습니다."

"……"

정중하게 인사를 했건만, 디오게네스는 아무런 대답을 하지 않았다. 잠시 침묵이 흘렀다.

'흠, 별로 나와 이야기하고 싶지 않은 모양이로군.'

알렉산더 대왕은, 디오게네스가 어떤 사람인지 알고 싶어 한 가지 질문을 던졌다.

"한 가지만 여쭙겠소. 난 선생이 원하는 것은 뭐든지 들어줄 수가 있소. 소원이 있다면 말해 보시오."

"소원이라?"

디오게네스의 두 눈이 반짝거렸다.

"지금 난 따뜻한 햇볕에 일광욕을 하고 있던 참이었소. 그런데 당신이 내 앞에 서 있는 바람에 그늘이 생겨 일광욕을 할 수가 없소. 그러니 부탁하건대 내 앞에서 비켜 서 주시기 바라오."

"넷?"

순간 당황한 알렉산더 대왕은 얼른 옆으로 비켜 주었다. 그제야 디오게네스는 만족한 듯이 햇볕을 즐기며 편안한 얼굴이 되었다.

'대단한 사람이다. 그리스 반도를 정복한 내게, 고작 원하는 게 이거

란 말인가? 저 사람의 가르침을 받을 수 있다면 얼마나 좋을까?'

하지만 그를 설득할 힘이 없다는 것을 깨달은 알렉산더 대왕은 조용히 그 자리를 물러났다. 알렉산더 대왕은 혼잣말처럼 중얼거렸다.

'내가 알렉산더가 되지 않았다면, 디오게네스가 되고 싶구나.'

기원전 333년, 알렉산더 대왕은 드디어 페르시아 원정에 나서기로 마음먹었다.

"이번이야말로 그리스 반도를 늘 괴롭혀 온 페르시아를 공격할 때다. 이것은 아버지 필리포스 왕의 뜻이기도 하다.'

3만 명의 보병과 5천 명의 기병, 한 달치의 식량은 페르시아와 싸우기엔 너무나 부족한 것이었다. 게다가 페르시아로 떠나기 전에 부하들을 모아놓고, 자신의 땅과 재산을 모두 나누어 주었다.

"어쩌자고 가지고 있던 재산을 모두 부하들에게 주십니까?"

"내겐 큰 재산이 아직 남아 있어."

"무슨 말씀입니까? 지금 폐하는 빈털터리입니다."

"하하, 아닐세. 바로 희망을 가지고 있네."

알렉산더 대왕이 꿈꾸는 것은 유럽, 아시아, 그리고 아프리카를 통합하는 대제국이었다. 그리스 연합군들도 점차 알렉산더 원정군에 합류하여, 그라니쿠스 강가에 이르렀다.

"강 건너에 페르시아 군사가 있다!"

"휴, 그라니쿠스 강물을 보니 정신이 아찔하군."

"어떻게 저 강을 건너간담?"

강 건너에는 페르시아 왕 다리우스가 이끄는 대군이, 알렉산더 군대를 가소로운 듯이 바라보고 있었다. 알렉산더의 군사들은 앞을 가로막고 있는 시퍼런 강물과 페르시아 대군 앞에 잔뜩 겁을 냈다.

"헬레스폰투스 해협도 무서워하지 않고 건너온 우리들이, 겨우 시냇

물 정도로밖에 보이지 않는 그라니쿠스 강을 겁내다니!"

알렉산더 대왕은 주저하는 병사들 앞으로 나서더니 강물로 뛰어들었다. 그러자 곧 10여 명의 장수들이 뒤를 따랐다.

"우리도 대왕의 뒤를 따르세!"

"무서워 말고 강물로 뛰어들어라!"

마케도니아 군대와 그리스 연합군의 병사들도 뒤를 이어 강물로 뛰어들었다. 이를 지켜본 페르시아의 레사세스와 스피트리다테스 두 장군은 창을 높이 들었다.

"투구에 흰 깃털을 꽂은 자가 알렉산더임에 틀림없다!"

"저놈을 잡아라!"

알렉산더 대왕은 급히 강을 건너오느라 정신이 없었다. 레사세스의 무서운 칼날이 알렉산더 대왕을 향하는 순간, 알렉산더 대왕도 힘껏 창을 던졌다. 창은 정확히 레사세스의 가슴을 겨누었으나, 레사세스가 입고 있던 두꺼운 갑옷에 그만 부러지고 말았다.

"이 갑옷이 나를 살렸구나!"

안도의 한숨을 내쉰 레사세스가 다시 공격을 하자, 스피트리다테스 장군도 알렉산더 대왕의 오른쪽을 향해 말을 달렸다.

"받아라!"

고함을 지르며 달려든 스피트리다테스 장군의 창이 알렉산더 대왕의 머리를 겨누었다.

"앗!"

알렉산더 대왕은 순간 눈앞이 캄캄해졌다. 하지만 알렉산더 대왕이 쓰고 있던 투구가 쩍 갈라졌을 뿐 목숨은 건질 수 있었다.

"끈질긴 놈이로군. 어디, 이번엔 끝장을 내주겠다!"

알렉산더 대왕이 잠시 주춤하는 사이에, 다시 페르시아의 스피트리다테스 장군이 기세 좋게 창을 꽂았다.

"아악!"

그 순간 스피트리다테스는 말에서 굴러떨어지면서, 창을 든 오른팔이 잘려 땅에 뒹굴었다. 알렉산더 대왕을 위기일발의 순간에 구해 준 사람은 다름 아닌, 소년 시절 친구인 클레이토스 장군이었다.

"아, 클레이토스 장군이로군."

정신을 차린 알렉산더 대왕은 재빨리 레사세스를 쓰러뜨렸다. 용맹한 두 장군을 잃은 페르시아 군대는 기가 꺾였다.

"이 기회를 놓치지 말고 공격하라!"

"와아!"

알렉산더 대왕의 뒤를 따라 강을 건넜던 군사들은, 더 이상 주저하지 않고 적들을 향해 돌격했다. 페르시아 군대와의 전쟁에서 큰 승리를 거둔 알렉산더 대왕은, 여기서 멈추지 않고 시리아를 향해 출발했다.

그리고 시리아를 단숨에 꺾어 버린 알렉산더 대왕의 원정군은, 프리기아의 수도 고르디움으로 들어갔다.

"저게 뭔가?"

당당히 고르디움에 입성한 알렉산더 대왕의 눈에 제일 먼저 띈 것은, 광장 한복판에 밧줄로 단단히 매여진 전차였다.

"이 곳 사람들이 믿고 있는 전설인데, 저 전차의 엉킨 밧줄을 푸는 사람이 세계를 손아귀에 넣을 수 있다고 합니다."

"호, 그거 참 재미있군."

고르디움 사람들은 알렉산더 대왕이 전차 앞으로 가는 모습을 가만히 지켜보았다. 알렉산더 대왕은 별거 아니라는 듯이 수레의 한쪽 끝을 칼로 내리쳤다. 그 순간, 이리저리 엉켜 있던 매듭은 순식간에 풀리고 말았다.

"와! 이제 세계의 대왕이 나타났다!"

"알렉산더 대왕 만세!"

광장에 모인 사람들은 환호성을 지르며 알렉산더 대왕을 진심으로 맞아 주었다.

"난 당신들의 물건을 훔치려 온 침략군이 아니다! 예전처럼 똑같이 생활하며 지내기 바란다. 단, 페르시아의 땅은 내 영토로 하겠다!"

지중해 연안에 있던 페르시아의 식민지들은, 다른 나라보다 열렬히 알렉산더 대왕을 환영했다. 페르시아의 오랜 지배로부터 해방시켜 주었기 때문이었다. 보고병으로부터 소식을 전해 들은 페르시아의 다리우스 왕은 이를 갈며 분통을 터뜨렸다.

"장군들은 들으시오. 알렉산더가 있는 곳으로 페르시아 대군을 당장 출동시키시오!"

곧 60만 대군을 몰고와 죽을 각오를 하고 나선 다리우스 왕 앞에, 알렉산더 군대는 키리키아에서 움직이지 않았다.

"어째서 저리 잠잠한 게냐?"

"아마 우리 대군이 나서니 겁을 집어먹은 듯합니다."

"하하하, 이제 알렉산더의 목숨은 내 손 안에 있다!"

다리우스 왕이 큰소리를 치고 있을 즈음, 알렉산더 대왕은 원정길에서 얻은 원인 모를 열병에 정신을 차리지 못하고 있었다. 소문난 의사들을 불러 알렉산더 대왕의 병을 고치라고 명령을 내렸지만, 아무도 섣불리 나서려고 하지 않았다.

'이미 정신이 오락가락한 왕의 병을 고치면 더없는 명예를 얻겠지만, 만약 그렇지 못한 경우에는 죽음을 면치 못할 게 틀림없다.'

아무도 말은 하지 않았지만, 그곳에 불려 온 대부분의 의사들은 이렇게 생각했다.

"이런! 당신들 중 아무도 대왕의 병을 고칠 수 있는 의사가 없단 말이오?"

"……."

의사들은 아무 대답도 하지 못했다. 이 때 마케도니아 궁중 의사로 있던 필리포스가 앞으로 불쑥 나섰다.

"제가 치료해 보겠소. 지금 대왕의 병은 자칫 잘못하면 죽을 수도 있습니다. 그래서 독한 약을 써야만 합니다."

"그 약을 쓰면 완쾌할 수 있단 말이오?"

"결과는 두고 봐야 알겠지만, 저는 그렇게 믿고 있습니다. 이 약을 먹게 되면, 마치 죽은 듯이 며칠 동안 깨어나지 못할 것이오."

알렉산더 대왕의 신하들은 다른 방법이 없다는 것을 알고, 필리포스 의사에게 알렉산더 대왕을 맡겼다. 대왕이 드실 약을 정성스레 만든 필리포스는 약사발을 들고 알렉산더 대왕 앞으로 다가갔다. 그가 약을 가져오기 전에 알렉산더 대왕은 편지 한 통을 받았다.

급히 알립니다. 지금 페르시아 왕은 패전 소식을 듣고 독이 바짝 올라 있습니다. 들리는 소문에 의하면, 필리포스 의사를 자기 편으로 끌어들여 대왕을 죽이려 한다고 합니다. 부디, 필리포스를 멀리 하시기 바랍니다.

페르시아 군대 근처에 나가 있던 파르메니오 장군이, 급히 병사를 시켜 알렉산더에게 전해 준 편지의 내용이었다. 정신이 점점 몽롱해져 가는 알렉산더 대왕의 얼굴에 한순간 알 수 없는 어둠의 그림자가 스쳤다.

"폐하! 여기 약을 가져왔습니다. 드시지요."

"이리 주게."

알렉산더 대왕은 아무 일도 없었던 것처럼 필리포스가 내민 약사발을 받아들고 단숨에 마셨다. 그리고 파르메니오 장군이 전해 준 편지를 필리포스에게 쥐어 주었다. 곧 알렉산더 대왕은 깊은 잠 속으로 빠져들었다.

대왕이 잠든 모습을 지켜보고 있던 의사는, 그제야 왕이 쥐어 준 편지를 읽어 보았다.

"이럴 수가!"

필리포스가 페르시아 첩자로 오해를 받고 있다는 사실을 알고도 알렉산더 대왕은 아무 의심도 없이 그가 내민 약을 받아 마신 것이었다.

'아, 폐하. 저를 믿어 주신 은혜, 죽어도 잊지 않겠습니다.'

이미 잠이 든 알렉산더 대왕의 발 밑에 꿇어앉은 필리포스는, 기쁨의 눈물을 하염없이 흘렸다. 대왕의 깊은 믿음은 그를 죽음에서 건져 주었다. 필리포스 의사의 말처럼 며칠이 지나자, 알렉산더 대왕은 조금씩 정신을 차리기 시작하더니 사흘 만에 자리에서 일어났다.

"페르시아를 향해 출발하라!"

"아직 그 몸으론 무리입니다."

"무슨 소리냐? 서둘러 이 곳에 있는 군사들을 모으시오!"

이미 페르시아의 군대는 키리키아 산 속 가까이 다가와 있었다. 다리우스 왕의 한 신하가 이상한 듯이 물었다.

"대군을 몰고 어째서 이 좁은 곳을 택하셨나요?"

"넓은 들판이 싸우기엔 좋겠지만, 그까짓 알렉산더의 군대쯤이야 이 곳에서도 충분하다."

하지만 이것은 페르시아 다리우스 왕의 큰 실수였다. 좁은 산 속에 숨어 있던 알렉산더 대왕의 원정군은 죽을 각오로 대군에게 덤벼들었다. 그리하여 키리키아 전투에서도 알렉산더 대왕 원정군의 큰 승리로 끝이 났다. 그러나 몸이 성치 않은 상태로 선두에 서서 전쟁을 벌였던 알렉산더는 그만 큰 부상을 당하고 말았다.

"나는 괜찮으니 어서 페르시아 왕의 뒤를 쫓아라!"

부하들은 급히 말을 달려 다리우스 왕의 뒤를 따랐으나 그만 놓치고 말았다. 그 대신 다리우스 왕의 어머니와 왕비, 게다가 두 공주까지 사로잡게 되었다.

"페르시아 왕의 친족들을 어떻게 할까요?"

"마케도니아의 왕족들처럼 후하게 대접해 주어라."

"옛?"

알렉산더 대왕은 잡혀 온 왕족들을 애처로운 눈길로 바라보았다.

"내 꿈은 세계를 통일하고 대제국을 건설하는 것이다. 아무리 우리와 싸운 나라의 왕족들이라고 하지만, 개인적인 감정은 없다. 저들을 잘 보살펴 주도록 하라."

신하들은 감동하며 알렉산더 대왕의 명령을 그대로 따랐다.

키리키아 산 속에서 뜻하지 않은 패배를 당한 다리우스 왕은, 비록 후퇴했지만 전쟁은 이제부터라고 마음먹었다.

"아직 내게는 60만이 넘는 대군이 남아 있어. 알렉산더의 3만 병사들로는 어림없지. 도대체 알렉산더는 무슨 원한이 있다고 내 뒤를 쫓는지 모르겠군."

"자신의 힘을 과시하려는 것인가 봅니다."

다리우스 왕이 복수의 칼날을 갈고 있는 동안, 알렉산더 대왕 역시 페르시아가 다시 쳐들어오리라는 예상을 하고 있었다.

'이쯤에서 지중해 연안을 정복하면서, 페르시아의 공격을 준비해야겠다.'

그의 계획대로 지중해 일대는 점점 그의 손에 들어왔지만, 티루스 섬만은 뜻대로 되지 않았다. 바다 한가운데 떠 있는 그 섬은 온통 단단한 성들로 둘러싸여 있어서, 도무지 뚫고 들어갈 방법이 없었다.

"티루스 성을 함락시킬 좋은 방법이 없나?"

"우선 저 섬과 육지를 이을 수 있는 길을 만드는 것이 좋을 듯합니다."

한 신하의 묘안에 또 다른 신하가 반대하고 나섰다.

"그 일은 너무 많은 시간이 걸리는 일입니다."

"하지만 저 섬으로 갈 때마다 배를 타고 나간다는 것은 병사들을 더욱 지치게 만드는 일입니다. 조금 시간이 걸리더라도 다리를 만드는 것이 최선입니다."

알렉산더 대왕은 곧 부하들에게 명령을 내려, 티루스 섬으로 가는 다리를 놓도록 했다. 길을 닦는 동안 알렉산더 대왕은 아라비아를 공격해 들어갔다.

"다리를 놓는 병사들을 제외하고는 나를 따르라!"

곧 치열한 공격이 계속되는 동안 점점 날이 저물기 시작했다. 병사들과 흩어진 알렉산더 대왕은, 길을 찾아 헤매다가 적진으로 들어가고 말았다.

"앗! 길을 잘못 들었구나."

사방에는 아라비아 병사들이 눈을 부라리며 보초를 서고 있었다.

"웬 놈이냐?"

"에잇! 내 칼을 받아라."

알렉산더 대왕은 재빨리 두 명의 보초병을 쓰러뜨리고, 주변에 있던 횃불을 들어 적진을 향해 집어던졌다. 사방에 불이 붙기 시작하자, 적들은 놀라 도망쳤다.

"불이다!"

"알렉산더 군대가 가까이 왔다!"

마침 흩어졌던 알렉산더 대왕의 원정군이 이 곳으로 몰려들어, 우왕좌왕하는 아라비아 군대를 단숨에 물리쳤다. 아라비아에서도 승리를 거둔 알렉산더 대왕에게, 티루스 성으로 가는 다리가 완성되었다는 소식이 전해졌다. 서둘러 티루스 성으로 돌아온 알렉산더의 군대는, 적들이 쉴 틈을 주지 않고 하루가 멀다 하고 공격을 했다.

"드디어 티루스 사람들이 성문을 열었다!"

"만세! 알렉산더 대왕 만세!"

알렉산더 대왕은 이번 승리가 그다지 기쁜 것만은 아니었다.

"흠, 이 작은 섬을 정복하기 위해 7개월이란 기나긴 시간이 걸렸구

나. 앞으로 나아갈 길은 아직도 먼데, 너무 많은 시간을 보낸 것 같군."

병사들은 티루스 섬에 있는 풍부한 향료를 알렉산더 대왕에게 가져갔다.

"이 향료를 보니 내 어린 시절이 생각나는군. 어린 시절 내 스승이었던 레오니다스께서, 내가 귀한 향료를 장난삼아 가지고 노는 것을 보고 심한 꾸지람을 하시곤 했지."

"여기엔 얼마든지 있으니 그럴 염려가 없겠군요."

"하하하, 자네들 말이 맞아."

잠시 우울했던 마음을 떨쳐 버리고 알렉산더 대왕은 크게 웃었다.

"내 스승님께 이 곳 향료를 듬뿍 보내 드리게. 마음껏 쓰셔도 좋다는 편지와 함께 말이야."

"분부대로 하겠습니다."

"호, 이 상자는 못 보던 것인데 누구의 것이냐?"

전쟁에서 얻은 기념품을 살펴보던 알렉산더 대왕의 눈에, 번쩍거리는 보석들로 만들어진 상자가 들어왔다.

"이것은 일전에 키리키아 산 속에서 페르시아와 일전을 벌일 때 얻은 것으로, 다리우스 왕의 물건인 줄로 압니다."

"무엇이 들었는지 궁금하군."

알렉산더 대왕은 곧 상자를 열어 보았다. 그 안에는 향유(향기로운 기름)가 들어 있었다. 알렉산더 대왕은 향유를 들어 내고 여러 부하들을 둘러보며 말했다.

"내게 가장 소중한 것을 여기다 넣겠다. 그게 무엇인지 아는 사람이 있는가?"

아무도 선뜻 대답을 하지 못하고, 대왕이 답하기만을 기다렸다.

"자, 보아라."

그가 내민 것은 호메로스의 시집이었다. 그를 따르는 사람들은 뜻밖의 물건에 입을 다물지 못했다.

"역시 알렉산더 대왕이시다."

"늘 책을 가까이 두고 철학자를 존경하는 것은 고국에서나 전쟁터에서나 한결같구나."

부하들은 입을 모아 알렉산더 대왕을 칭찬하며 존경스러운 마음을 가졌다. 알렉산더 대왕은 늘 지리와 철학에 뛰어난 부하들과 함께 다니면서 연구하곤 했다. 연구 성과는 즉각 마케도니아로 보내 기록한 뒤, 역사 발전에 도움이 될 수 있도록 배려를 아끼지 않았다.

지중해 연안을 정복한 뒤, 그는 남쪽의 이집트로 향했다. 이집트 사람들은 알렉산더 대왕에게 저항을 하지 않고 기쁘게 맞이했다.

"페르시아의 야만스러움보다는 알렉산더 대왕이 이끄는 원정군이 우리 이집트에게는 더 나을 것 같아."

"그럼, 알렉산더 대왕을 이집트의 왕으로 모시세."

큰 힘을 들이지 않고 이집트를 얻게 된 알렉산더 대왕은 해안을 거닐다가 파로스 섬을 발견했다.

"참으로 아름다운 곳이로군."

감탄을 하며 한참을 바라보던 그에게는, 불현듯 스치고 지나가는 생각이 있었다.

'그래, 이곳에 새로운 도시를 건설하는 거야.'

한번 마음을 먹은 그는 곧 설계도를 만들었다. 파로스 섬에 알렉산더가 건설한 새 도시의 이름은 알렉산드리아였는데, 이곳은 나중에 상업과 문화의 도시로 성장하게 되었다.

"이제 페르시아의 수도 수사로 가세!"

이 소식을 전해 들은 페르시아의 왕은 불안에 떨었다.

"흠, 젊은 애송이라고 얕잡아 봤더니 제법이군. 지중해 연안을 모두 정복하다니. 괜히 싸움을 걸었다간 큰코다치겠는걸."

다리우스 왕은 급히 알렉산더 대왕에게 사신을 보냈다.

"우리 페르시아 왕께서는 이미 점령한 땅은 알렉산더 대왕의 땅으로 인정한다고 하셨으며, 원하는 금액을 드리겠다고 하셨습니다. 그리고 포로로 잡고 계신 두 공주님 중에 한 분과 혼인을 하시기를 원하고 있습니다."

"하하하, 페르시아 왕이 단단히 겁을 먹은 모양이군."

알렉산더 대왕은 페르시아 사신의 말을 듣고 가소롭다는 듯이 한바탕 웃어젖혔다.

"항복을 하려면 직접 나를 찾아오라고 전해라. 만약 이를 거절한다면, 직접 다리우스 왕의 목을 가지러 가겠다고 말이야."

페르시아 사신은 괘씸한 생각이 들었으나, 꾹 참고 돌아가서 그대로 전했다.

"감히 나를 비웃다니, 도저히 두고 볼 수가 없다!"

화가 단단히 난 다리우스 왕은 이를 부드득 갈았다. 한참 군대를 정렬하고 있을 즈음, 뜻하지 않은 소식이 날아들었다.

"폐하! 왕비님이 운명하셨다고 합니다."

"뭐라고? 그게 사실이냐?"

다리우스 왕은 가슴을 치며 슬픔에 젖었다.

"아, 고국도 아닌 곳에서 비참한 생을 보내고 결국 죽게 되다니. 이제 도저히 알렉산더를 그냥 내버려둘 수 없다."

페르시아 왕의 곁에 서 있던 장군 하나가 앞으로 나섰다.

"병사를 시켜 왕비님의 장례식 소식을 알아본 바로는, 대단히 성대했다고 합니다. 지금 두 공주님도 왕족의 대접을 받으며 잘 지내고 계시답니다."

"설마, 적국의 왕족들에게 후한 대접을 할 리가?"

"저도 처음엔 의심이 갔지만, 보고병에 의해 확인된 사실입니다."

다리우스 왕은 마음속으로 무척 놀랐다.

'확실히 마케도니아의 젊은 왕인 알렉산더는 보통 인물이 아니로군. 싸움터에서는 인정 사정 없는 사람이 내 가족을 그렇게 잘 대접해 주다니.'

마음 한구석에 알렉산더 대왕에게 고마움이 느껴질 정도였다. 하지만 이미 전쟁을 하기로 한 이상, 이대로 물러설 수는 없는 노릇이었다. 드디어 내일이면 두 군대의 운명이 결정날 것이었다. 이미 페르시아의 진영에서는 횃불이 훨훨 타오르며 대군의 위력을 뽐내고 있었다.

"폐하! 오늘 밤을 놓쳐서는 안 됩니다. 페르시아 군대가 모두 잠든 사이에 기습 공격을 해야 승리할 수 있습니다."

"무슨 소린가?"

"저들은 우리 군대의 다섯 배가 훨씬 넘습니다. 숫자가 적은 우리 군사로 저들을 상대하기란 참으로 어렵습니다."

"비굴한 승리를 훔치느니 차라리 영광스런 패배가 나을 것이다."

알렉산더 대왕은 한 장군의 걱정스러운 말투에 당당히 대답했다. 내일의 전투를 위해 그는 막사로 들어가 잠을 청했다.

이튿날, 날이 밝도록 알렉산더 대왕은 일어나지 않았다. 여러 장군들은 애가 타서 발을 동동 굴렀다.

"참으로 태평하시군."

"그러게 말일세. 바로 앞에 대군이 와 있는데, 늦잠을 자고 계시니 말이야."

그 때, 어느 새 일어났는지 알렉산더 대왕이 장군들 뒤에서 나타났다.

"허허, 무슨 걱정이 그리도 많소. 바로 앞에 있는 페르시아 왕을 잠시 후면 잡게 될 테니 마음놓으시오."

"폐하! 아직은 마음을 놓으시면 안 됩니다."

이 때, 큰 독수리 한 마리가 알렉산더 대왕의 머리 위를 빙빙 돌다가, 하늘로 날아올랐다. 곁에 있던 장군들은 걱정스러웠다.

'이게 무슨 조짐인가?'

곧 점술가가 그들 앞으로 불려 나왔다. 점술가는 잠시 생각에 잠기는 눈치더니 이내 빙그레 웃어 보였다.

"힘껏 싸우시면 분명 좋은 결과를 얻게 될 것입니다. 독수리가 나타나 대왕님의 주변을 돈 것은 승리의 조짐입니다."

"하하하, 그것 보게. 자네들도 너무 겁먹지 말고 내 뒤를 따르게."

알렉산더 대왕은 곧 전투 태세를 갖추었다.

"오늘은 내 오랜 친구나 다름없는 명마 부세팔로스를 타고 나갈 테니 준비해 두게."

"안 됩니다. 이미 나이가 들어 늙은 말입니다."

"괜찮네. 어서 부세팔로스를 끌고 오게."

알렉산더 대왕은 이번 전투에서 명마 부세팔로스를 타고 달려보고 싶은 생각이 간절했다.

'이 말은 더 이상 전쟁에 나갈 수 없을지도 몰라. 그 동안 나를 위해 열심히 달려 주었는데, 페르시아 대군을 상대할 수 있는 기회를 주고 싶어.'

장군들 앞에서 당당하던 알렉산더 대왕 역시 마음속으로 간절히 기도를 올렸다.

'제우스 신이시여! 제 갈 길을 도와주신다면 부디, 이번 페르시아 군

대와의 전투에서 승리의 깃발을 올리게 해 주십시오.'

이미 출전 준비를 마친 양쪽의 군사들은 서로를 노려보며 출격 명령을 기다렸다.

"출격!"

"앞으로 출격!"

명령이 떨어지자 두 군대는 서로 엉겨붙어 전투를 시작했다. 다리우스 왕은 두 마리의 말이 이끄는 전차를 타고, 알렉산더 대왕을 향해 창을 겨누었다.

"어서 오너라!"

알렉산더 대왕 역시 부세팔로스를 몰고 날쌔게 달려나갔다.

"에잇!"

말을 달리며 힘껏 던진 창이 다리우스 왕 옆으로 비켜 가서, 호위하고 있던 병사의 가슴에 꽂혔다.

"으악!"

호위병이 비명을 지르며 말에서 떨어졌다. 놀란 다리우스 왕은 말을 돌려 달아나기 시작했다.

'이번만은 놓치지 않겠다.'

다리우스 왕의 뒤를 바짝 따라붙으며 달리던 알렉산더 대왕은, 밀려드는 페르시아 군사들 때문에 아깝게 놓치고 말았다.

"이런! 다 잡은 걸 놓치다니. 이번이 좋은 기회였는데."

"조심하세요!"

원정군의 한 병사가 알렉산더 대왕을 호위하며 소리를 질렀다. 번쩍 정신이 든 알렉산더 대왕은, 다른 장수와 더불어 페르시아 군사를 상대로 싸웠다. 다리우스 왕이 도망가고 난 페르시아 군대는 기가 꺾여 제대로 싸우려 하지 않았다. 이번에도 알렉산더 대왕의 원정군의 승리로 끝이 났다. 알렉산더 대왕은 위풍도 당당하게 페르시아 왕의 성인 바빌론으로 들어갔다.

바빌론에서 다시 동쪽으로 군대를 몰고 간 원정군들은, 마침내 페르시아의 수도 수사를 점령했다. 그 곳에서 알렉산더 대왕은 페르시아의 왕이 앉았던 황금 의자에 앉았다. 이 때가 기원전 330년의 일이었다.

"이 곳에서 얻은 기념품은 병사들에게 골고루 나누어 주어라. 만일, 재물에 눈이 어두워 가로채는 장군들이 있으면 용서치 않으리라."

"알렉산더 대왕 만세!"

가는 곳마다 얻은 물건을 병사들과 아랫사람들에게 나누어 주곤 했기 때문에, 알렉산더 대왕의 명성은 나날이 높아만 갔다.

하루는 마케도니아에 계신 어머니로부터 편지가 도착했다.

"아, 어머니!"

혼자 편지를 가만히 읽어 내려가던, 알렉산더 대왕의 두 눈에 눈물이 맺혔다. 어머니는 알렉산더 대왕의 건강을 몹시 염려했다. 그리고 덧붙여, 전쟁에서 얻은 귀한 물건들을 모두 부하들에게 주는 것은 바람직하지 않다고 적어 놓았다.

'어머니께서는 내가 가진 것이 없게 되면, 신하들로부터 업신여김을 받을까 봐 무척 걱정하고 계시는구나.'

하지만 그는 전쟁에서 얻은 기념품 따위에는 별로 욕심이 없었다. 단지 그가 꿈꾸고 있는 대제국을 건설하는 것만이 희망이었다. 가끔 장수들 중에서도, 알렉산더 대왕의 이런 행동을 넌지시 일깨워 주는 경우가 있었다.

"어리석은 병사들에게 위엄이 서리면, 그래도 대왕의 땅과 재산이 있어야 합니다. 모든 걸 다 주지 마십시오."

"그보다 내가 걱정하는 것은 따로 있네."

알렉산더 대왕은 요즘 들어 눈에 거슬리는 것이 있어서, 말이 나온 김에 이야기하려고 마음먹었다.

"오랜 전쟁의 보답으로 병사들에게 전리품을 골고루 주기는 하지만, 그들이 점점 사치스러워지고 거만해질까 봐 걱정이 된다네."

"사실입니다. 몇몇 병사들은 우리들이 치른 전쟁의 승리에 취하여, 무술 연습을 게을리하는 경우가 있습니다."

걱정어린 장수의 대답을 들은 알렉산더 대왕은, 더 이상 안 되겠다고 생각했는지 병사들을 모아 놓고 훈시를 시작했다.

"병사들이여! 잘 듣거라. 아직 우리의 갈 길은 멀었는데, 어째서 빈둥거리고 있는가? 손에 못이 박이도록 고된 연습을 해야만 치열한 싸움에서 살아남을 수 있는 것이다. 그에 대한 보답은 너희들과 그 가족들에게 충분히 할 것이니 걱정 마라!"

알렉산더 대왕의 명령이 떨어지자, 군사들은 흐트러졌던 마음을 추스르고 힘든 훈련에 최선을 다했다. 그러나 원정군들 사이에서는 알렉산더 대왕의 절대적인 힘에 대해 불만을 품고 있는 자들도 있었다.

"체, 대왕은 우리들에게 너무 고된 훈련을 시킨단 말이야."

"맞아, 게다가 규칙을 조금이라도 어기는 날엔 혹독한 벌을 내리니."

"이 지루한 원정은 언제나 끝이 날지 모르겠으니……."

"그리운 가족들을 볼 수 있기나 할는지."

이런 불평의 소리를 알렉산더 대왕도 어느 정도 알고 있었다.

"물론 병사들이 고향에 대한 향수가 강하다는 것은 알고 있지만, 그 일은 어느 정도 각오하고 떠나오지 않았나. 모든 사람들에게 만족을 줄 수는 없는 일이다."

알렉산더 대왕은 한 마디로 그들의 말을 무시해 버리고, 다리우스 왕의 뒤를 쫓아가면서 여러 나라들을 정복해 나갔다.

이미 계절은 한여름으로 접어들어, 원정군은 더위와 목마름으로 고생을 했다.

"조금만 참아라. 곧 물이 있는 곳이 나올 것이다."

"아아, 물을 한 모금만 마셔 봤으면……."

내리쬐는 태양열로 인해 병사들은 한 걸음 한 걸음이 몹시 힘이 들 지경이었다. 그 때, 한 나그네가 나귀를 타고 길을 가고 있었다.

"이봐, 물 좀 가지고 있나?"

"여기 조금 있습니다만……."

나그네는 물통을 열어 약간의 물을 나누어 주었다.

"폐하! 물을 구해 왔습니다. 어서 드시지요."

"오, 어디서 이 귀한 물을 구했는가?"

"이 곳을 지나던 나그네에게 조금 얻은 것입니다."

무척 목이 말라 있던 알렉산더 대왕은 급히 물을 마시려고 했다. 순간 그의 눈에 띈 것은 병사들의 부러운 눈길이었다.

'그렇지. 나만 목이 말랐던 게 아니었지. 하마터면 큰 실수를 할 뻔했군.'

알렉산더 대왕은 이런 생각이 들자, 들고 있던 귀한 물을 땅바닥에 쏟아 버리고 말았다. 주변에 있던 장군들과 병사들의 눈이 휘둥그레졌다.

"아니, 어째서 그 귀한 물을 함부로 버리십니까?"

"어차피 우리 모두가 함께 마시지 못할 물이라면 아무 쓸모가 없다. 자, 앞으로 행진하라!"

그제야 그의 깊은 뜻을 깨닫게 된 병사들은 눈시울이 뜨거워졌다. 얼마 후, 고된 행진을 하던 그들 앞에 드디어 다리우스 왕의 군대가 보이기 시작했다.

"저기 왕족의 것으로 보이는 마차가 보인다!"

"다리우스 왕의 마차가 틀림없다. 저 뒤를 쫓아라!"

장군들은 몸을 아끼지 않고 다리우스 왕의 마차를 향해 돌격했다.

"이럴 수가!"

하지만 그들이 마차 곁으로 다가섰을 때, 처참한 광경을 보고 말았다. 페르시아 대군의 왕인 다리우스가 피투성이가 된 채 쓰러져 있었다.

"아, 물 좀⋯⋯."

"마차 안을 뒤져 물을 가져다 주어라."

장군들의 호위를 받으며 다리우스 왕의 마차 가까이에 온 알렉산더 대왕은, 병사를 시켜 물을 주도록 했다.

"어찌 된 일이오?"

"내 부하들이 나를 배신했소. 이제 내 목숨도 얼마 남지 않은 것 같군. 알렉산더! 당신에게 고맙다는 인사를 하게 되어서 다행이오. 그동안 내 가족들을 잘 돌봐 주어서 고맙소."

"정신을 차리시오."

"아, 아니오. 난⋯⋯."

말을 미처 끝맺지 못한 다리우스 왕은 그렇게 죽음을 맞이했다. 순간 알렉산더 대왕의 얼굴에 검은 그림자가 스쳤다. 그는 부하들에게 자신의 모습을 보이지 않기 위해 뒤돌아섰다. 그리고 걸치고 있던 가운을 벗었다.

"이 옷을 다리우스 왕에게 덮어 주어라."

알렉산더 대왕은 곧장 그 자리를 떠났다. 얼마 뒤, 다리우스 왕을 배반했던 페르시아 장군이 잡혔다.

"살려 주십시오."

"너는 어째서 그 동안 모시고 있던 다리우스 왕을 배신하고 죽음으로 몰아넣었느냐?"

"헤헤, 오히려 폐하에게는 잘된 일 아닙니까? 저를 폐하의 원정군으로 받아 주시기 바랍니다."

"짐승만도 못한 놈이로군. 페르시아 장군으로서 창피스럽지도 않으냐? 저놈을 당장 처형하라."

"옛?"

다리우스를 처참하게 죽인 장수는, 알렉산더 대왕의 처분에 깜짝 놀랐다. 그 장수는 손을 싹싹 빌며 목숨을 구걸했다.

"부디 목숨만 살려 주십시오. 시키는 대로 뭐든지 다 하겠습니다."

"뭣들 하고 있느냐? 어서 저놈을 끌고 나가지 않고!"

알렉산더 대왕은 한 번 작정한 일은 뒤도 돌아보지 않았다.

대제국을 이루는 것이 알렉산더 대왕의 꿈의 전부는 아니었다. 그는 유럽과 아시아 문화를 연구하여 새로운 문명을 일으키고자 노력했다.

"그리스의 전통만을 이 곳 사람들에게 강요하지 마라. 그리고 군사와 재정에 관한 일은 간섭해도 좋지만, 그들의 행정에 관한 것은 그대로 두도록 하라."

"그리하도록 하겠습니다."

"한 가지 더 해야 할 일이 있다. 페르시아의 영특한 소년들 3만 명을 뽑아 그리스 말을 가르친 뒤, 우리 군사로 기르도록 훈련을 시켜라. 그리스 인들에게는 페르시아의 우수한 문화를 배우게 하도록 하라."

알렉산더 대왕은 새롭게 접한 문화를 자신이 직접 경험하기 위해, 페르시아식 예의를 실천해 보이기도 했다.

"자네 들었나?"

"뭘 말인가?"

"글쎄, 알렉산더 대왕이 페르시아의 전통 옷을 입고, 우리 군사들에게 무릎을 꿇고는 머리를 땅에 대고 절을 하라고 했다네."

"그게 사실인가? 참 별꼴일세."

"그리스 시민들에게 참으로 가당치 않은 일이지 않나? 시민들이 나서서 부패한 관리들까지 내모는 판에, 왕에게 머리를 꿇고 절을 하게 하다니……."

원정군과 그리스 시민들 중에는 몇몇이 모여서 이런 이야기를 주고받는 사람들이 있었다. 게다가 더욱 그리스 장군들에게 불만을 산 이유는, 정복한 나라의 사람들을 그리스 인들과 평등하게 대한다는 것이었다.

"페르시아 장수들의 콧대가 나날이 높아져 가는군."

"난데없이 무슨 이야기인가?"

"자네는 소문도 못 들었나? 알렉산더 대왕이 그리스 장수들보다 우리가 정복한 페르시아 장수들에게 훨씬 더 대우를 잘해 준다는 소식 말이야."

"그거 참."

시간이 갈수록 알렉산더 대왕의 정복지에 대한 처분을 못마땅하게 생각하는 무리들이 늘어만 갔다. 드디어 친위대장 필로터스가 알렉산더 대왕을 없앨 계획을 세웠다.

"모두 입 조심하고 준비를 철저히 하게."

"걱정 마십시오."

필로터스를 포함해 음모에 가담한 사람들은 주의를 하며 알렉산더 대왕을 없애기로 약속한 날을 기다렸다.

그러나 이들의 반란은 얼마 가지 않아 발각되어, 주동자 필로터스를 포함한 반란군들은 죽음을 당했다.

이런 일이 있은 뒤, 알렉산더 대왕은 부하들을 위한 자리를 마련했다.

"자, 오늘은 마음껏 마시며 놀고 하고 싶은 말이 있으면 하시오."

술을 한 잔씩 마신 부하들은, 점점 기분이 좋아지면서 노래를 부르기 시작했다. 노래의 내용은 원정군이 위기에 몰렸을 때의 기분을 나타낸 것이었다. 알렉산더 대왕은 크게 신경을 쓰지 않는 눈치였다. 그러나 클레이토스 장군이 벌컥 화를 냈다.

"지금 무슨 노래를 흥얼거리는 거냐?"

"그냥 놔두게."

"저 노래는 우리 원정군을 비꼬는 내용이 아닙니까? 그런데 어째서 내버려 두시나요?"

"틀린 말도 아닌데, 뭘 그러나?"

이미 술이 잔뜩 취한 클레이토스 장군은, 알렉산더 대왕이 두렵지 않은 듯 평소에 하고 싶었던 말을 쏟아 냈다.

"그럼 우리 원정군이 용기가 없다는 노래 가사의 내용이 맞다는 말씀입니까? 그라니쿠스 강가에서 제가 죽음을 무릅쓰고 폐하를 구해 준 일을 잊으셨나요?"

"말이 좀 심하군. 그만 집으로 돌아가는 게 좋을 것 같소."

"그리스 사람들은 아무리 높은 사람들 앞일지라도, 기가 죽는 법이 없이 하고 싶은 말은 한다고 들었소. 왜 부하들의 말을 들으려고 하지 않으시오? 장군을 포함한 병사들은 당신의 노예가 아니란 말이오."

"뭐야!"

알렉산더 대왕은 자리에서 벌떡 일어서며, 허리에 차고 있던 칼을 뽑아들었다.

"왜들 이러십니까?"

"클레이토스 장군! 어서 나오시오."

"폐하, 화를 푸십시오."

주변에 있던 부하들은 깜짝 놀라 알렉산더 대왕과 클레이토스를 말렸다. 클레이토스는 병사들의 손에 떠밀려 그 자리를 나오면서 씩씩댔다.

"체, 내가 뭘 잘못했다고 이러는 거냐!"

"오늘은 그만 숙소로 돌아가서 쉬고 내일 다시 이야기합시다."

밖으로 끌려나온 클레이토스는 병사들이 손을 놓은 틈을 타서 재빨리 잔치를 하고 있는 곳으로 뛰어들어갔다. 그 때 알렉산더 대왕도 기분이 좋지 않았는지 여러 장군들과 술잔을 기울이고 있었다.

"이제까지 이루어 놓은 업적은 알렉산더 혼자만의 것이 아니다. 우리 원정군 모두의 피와 땀이 합쳐져서 이루어진 것이다!"

"도저히 참을 수가 없구나!"

알렉산더 대왕은 클레이토스의 외침을 듣는 순간, 화가 머리끝까지 끓어올랐다. 몸을 부르르 떨더니 주변에 있던 병사의 칼을 빼앗아 들었다.

"앗!"

옆에 있던 장군들이 말릴 틈도 없이, 알렉산더 대왕의 칼은 클레이토스의 가슴을 정통으로 찌르고 말았다.

"윽!"

어린 시절 알렉산더의 친한 친구였던 클레이토스 장군은, 외마디 소리를 지르며 그 자리에 푹 고꾸라지고 말았다.

"폐하!"

"아, 어찌 이런 일이……."

장군들은 눈앞에 벌어진 광경을 믿을 수가 없었다. 사람들이 울부짖는 소리에 그제야 정신이 번쩍 든 알렉산더 대왕은, 주변을 두리번거렸다.

'내가 지금 무슨 짓을 한 걸까?'

자신의 발 밑에는 친구 클레이토스 장군이 피를 흘리며 죽어가고 있었고, 자신이 손에는 피 묻은 칼이 들려져 있었다.

"내가 클레이토스 장군을 죽였단 말인가?"

도저히 믿어지지가 않았지만 사실이었다. 두려움이 물밀듯 밀려든 순간, 알렉산더 대왕은 친구를 죽였던 그 칼로 자신의 심장을 겨누었다.

"에잇!"

"안 됩니다!"

깜짝 놀란 병사들이 몰려들어 알렉산더 대왕에게서 칼을 빼앗았다. 어떻게 걸어나왔는지 자신의 방으로 돌아온 알렉산더는 멍하니 천장만 올려다보았다.

"휴!"

이미 엎질러진 물이었지만, 아직도 클레이토스 장군의 죽음을 받아들일 수가 없었다. 그 뒤 얼마 동안 알렉산더 대왕은 아무것도 먹지 않고, 방 안에서 나오려 하지도 않았다.

"폐하! 이러시면 큰일납니다. 어서 기운을 차리십시오."

신하들의 눈물어린 설득에 알렉산더는 병사들 앞에 다시 나서게 되었다. 다시 세계를 통일하기 위한 행군은 계속되었다. 가는 곳마다 원정군의 승전은 계속되었다. 알렉산더 대왕은 이미 인도로 향하려고 하고 있었다. 그 때, 한 부하 장군이 말했다.

"지금 병사들이 오랜 원정으로 인해, 고향에 대한 그리움으로 마음의 병이 들었습니다. 이 일을 어떻게 해야 할까요?"

"알겠소. 내가 병사들을 설득해 보겠소."

알렉산더 대왕은 병사들 앞에서 연설을 시작했다.

"여러분! 그토록 고향이 그립다면 돌아가셔도 좋습니다. 단……."

"지금 폐하께서 고향으로 돌아가도 좋다고 하신 건가?"

그 곳에 모인 병사들은 귓속말로 수군거렸다.

"단, 이것 하나만은 알아 두시기 바랍니다. 비록 우리에게 항복을 하고 충성할 것을 맹세한 나라라고 할지라도, 우리들이 고국으로 돌아간 뒤에는 반드시 반란을 일으킬 것입니다. 그래도 고국으로 돌아가야 한다면, 가족들에게 이렇게 전하십시오. '아직 전쟁이 끝나지 않았지만 돌아왔다'라고."

"이 곳에 남아 끝까지 싸우자!"

연설을 들은 병사들은 하나같이 소리를 질러 충성을 다짐했다. 인도로 쳐들어간 원정군은 북쪽을 손쉽게 정복하고, 다시 인도 동쪽의 펀잡 지방으로 향했다.

"이 곳의 포로스 왕은 코끼리를 마치 말처럼 부리는 사람이라고 하던데. 자네들은 혹시 그에 대해서 들은 게 없나?"

"폐하의 말씀처럼 포로스 왕은 수백 마리의 코끼리를 마치 자신의 부하처럼 다룬다고 합니다. 진지 앞에 코끼리 떼가 앞을 가로막고 보초를 선다고 합니다."

"흠, 코끼리 떼라?"

사람이 아닌 동물을 어떻게 상대해야 좋을지 몰라서, 알렉산더 대왕은 고개를 갸우뚱거렸다.

'옳지. 좋지 않은 날씨를 이용해서, 코끼리를 반대로 적진 속으로 몰아넣어야겠다.'

드디어 기다리던 때가 돌아왔다. 이 날은 알렉산더 대왕이 바라던 대로 비바람이 거세게 불어 앞이 잘 보이지 않았다.

"출격하라!"

알렉산더 대왕의 명령이 떨어지자 병사들이 제일 먼저 한 일은, 심한 날씨로 허둥대는 코끼리 떼를 적진으로 몰아넣는 것이었다.

"워이! 워이!"

"저리 가!"

코끼리 떼는 원정군이 모는 대로 적진 속으로 들어가서, 그들의 진지를 엉망으로 만들어 놓았다. 이 때를 놓치지 않고 그리스 원정군은 편잡 지방을 공격했다. 너무나도 순식간에 당한 일이라, 포로스 왕도 어쩔 도리가 없었다.

"당신이 포로스 왕인가?"

"그렇소."

"이제 그대는 우리 군대의 포로가 되었소. 내 지시를 따르겠소?"

"왕족에 대한 예의로 나를 대해 준다면 생각해 보겠소."

알렉산더 대왕은 인도 포로스 왕의 당당함에 감탄했다.

'비록 붙잡힌 몸이지만 비굴하게 굴지는 않겠다는 거로군.'

어깨를 빳빳이 편 채로, 알렉산더 대왕을 똑바로 바라보고 있는 포로스 왕을 알렉산더 대왕은 후하게 대해 주었다.

"그대의 용기가 마음에 드오. 이곳은 앞으로도 그대가 계속 다스리도록 하시오. 아니, 인도 북쪽의 몇 군데도 당신이 맡아 주시오."

"대왕의 말을 따르겠소."

인도를 원정하면서, 알렉산더 대왕의 마음을 울적하게 만든 일이 한가지 있었다. 바로 늘 곁에서 알렉산더 대왕을 지켜 주었던 부세팔로스가 죽고 만 것이다.

"그동안 나를 위해 많은 전쟁터에서 한 몸이 되어 싸웠는데, 이제 그만 내 곁을 영영 떠나는구나."

그는 부세팔로스를 양지바른 곳에 잘 묻어 주었다. 그리고 다시 갠지스 강을 향해 말머리를 돌린 원정군 앞에 드넓은 강이 펼쳐졌다.

"아, 저 곳을 바라보니 고향 생각이 더욱 간절하구나."

"이제 지쳤어. 그 동안 가족들은 잘 지내고 있는지 모르겠군."

"고국으로 돌아가고 싶어."

너나할것없이 한 마디씩 하소연을 해대며 병사들은 향수병에 젖어들었다. 시간이 갈수록 병사들의 마음은 진정되지 않았다. 하루는 병사들의 대표가 알렉산더 대왕을 직접 찾아와 눈물을 흘렸다.

"이제 저희들은 집으로 돌아가고 싶습니다. 오랜 원정 생활로 몸과 마음이 이미 몹시 지쳐서, 더 이상 전투를 할 마음이 없습니다. 부디 그리스로 돌아갈 수 있도록 해 주십시오."

"좋다! 그것이 너희들이 진정으로 바라는 것이라면, 그렇게 하도록 하겠다."

더 이상 그들에게 버텨 낼 힘이 없다는 것을 안 알렉산더 대왕은, 고국으로 돌아갈 것을 병사들에게 약속했다.

"와! 알렉산더 대왕 만세!"

기쁨에 들뜬 병사들은 서로를 부둥켜안고 춤을 추었다. 원정군은 돌아갈 배를 준비한 뒤, 강을 따라 내려가면서 인도의 다른 지방을 정벌했다. 인도에서 제일 사납다고 알려진 마루로이족들과 전쟁을 할 때는 위험한 지경에 빠지기도 했다.

"꾸물거리지 말고 기어올라라!"

마루로이족은 성문을 굳게 닫아걸고 수비 태세에 들어갔다. 알렉산더 대왕은 군대의 맨 앞에 서서 험한 성벽을 기어오르기 시작했다.

"저기 사다리를 끊어 버려라!"

"에잇!"

두 명의 병사와 함께 알렉산더 대왕이 성벽에 무사히 올라서자, 마루로이족들은 잽싸게 그들이 타고 올라온 사다리를 잘라 냈다.

'이런! 많은 적진 속에 우리 아군은 나를 비롯해 고작 세 명이로군.'

이 때 마루로이족들은, 알렉산더와 두 명의 병사들을 향해 화살을 쏘아 댔다.

"피해라!"

"윽!"

병사 두 사람은 화살에 맞아 그 자리에 쓰러지고 말았다. 알렉산더 대왕은 적들을 향해 창을 휘둘렀으나 역부족이었다. 결국 알렉산더 대왕도 그들의 화살에 맞아 정신을 잃었다. 멀리서 아군이 몰려오는 소리가 들려왔다.

심한 아픔에 눈을 뜬 알렉산더 대왕은 침대에 누워 있는 자신을 발견했다. 그리고 의사가 자신의 몸에서 무언가를 빼내고 있는 모습을 보았다.

"고통스럽겠지만 조금 참으셔야 합니다."

"지금 무얼 하려는 건가?"

"폐하의 몸에 박힌 화살을 빼내는 중입니다."

"화살?"

그제야 알렉산더 대왕은 적의 화살에 맞았던 일이 기억났다. 힘든 수술을 한 뒤에도 알렉산더 대왕은 병사들 앞에 나서서 명령을 내렸다.

갠지스 강을 따라 내려온 것이 무려 7개월이나 되었다. 그 곳에서 페르시아의 수도 수사로 돌아오는 동안, 유행병으로 인해 병사들이 많이 죽었다.

"드디어 돌아왔군."

지친 몸을 이끌고 페르시아에 도착한 알렉산더 대왕과 병사들은 기쁨에 들떴다.

"흠, 떠나기 전에 부탁해 놓았던 3만 명의 소년들도 매우 훌륭하게 자랐군."

곧 알렉산더 대왕은 다리우스의 딸과 결혼을 하고, 마케도니아의 여러 신하들도 페르시아 귀족들과 혼인하도록 지시를 내렸다.

"자, 이제 그 동안의 수고로움을 털어 버리고 마음껏 즐겨라!"

"알렉산더 대왕 만세!"

수도 수사에서 새로운 제국의 수도로 정한 바빌론으로 들어온 그들은, 몇날 며칠을 흥겨운 축제로 즐겼다.

"새로운 세계를 위하여!"

"건배!"

알렉산더 대왕을 포함한 장군과 병사, 그리고 일반 시민들까지 흥에 겨워 마음껏 마시고 노래했다. 전국이 흥겨움에 들썩거리고 있을 때, 한 점술가는 어제 본 일이 잊혀지지 않아 불길한 예감이 들었다.

알렉산더 대왕 행렬이 사람들의 환호를 받으며 바빌론으로 들어섰을 때, 어디서 날아왔는지 까마귀 떼들이 몰려들었다.

"하늘에 웬 까마귀 떼가 저렇게 많담?"

그 때 몇 마리의 까마귀가 힘없이 알렉산더 대왕의 발 밑에 툭 떨어졌다. 이를 본 점술가는 깜짝 놀랐다.

'허, 큰일이로군. 폐하에게 나쁜 징조로다.'

그러나 워낙 많은 사람들이 몰려드는 통에 알렉산더 대왕의 행렬은, 까마귀쯤은 아무 일도 아니라는 듯이 그 곳을 빠져 나갔다. 잔치가 무르익을 무렵에도 알렉산더 대왕의 원대한 꿈은 접힐 줄 몰랐다.

"이제는 바다로 갈 것이다. 아라비아와 아프리카를 돌아서……."

"이미 말씀하신 함대는 거의 완성 단계에 있습니다. 언제든지 명령만 내리십시오."

"곧 출발할 예정이니 준비를 게을리하지 마라."

하지만 이 일은 알렉산더 대왕의 못다 이룬 꿈으로 남고 말았다. 잔치가 끝날 즈음, 웬일인지 알렉산더 대왕은 원인 모를 열병에 걸리고 말았다.

"으으으……."

건장했던 알렉산더 대왕은 도무지 회복할 기미를 보이지 않았다. 유명한 의사들이 들락거렸지만, 결국 서른두 살이라는 젊은 나이에 숨을 거두고 말았다.

카이사르(시저)

로마는 지중해 연안에 있는 가장 큰 나라로 그 명성을 드날렸다. 그러나 나라 안은 혼란스러워 형편이 말이 아니었다. 이 당시 로마의 정치는 두 사람의 집정관이 맡아서 처리하고 있었다. 이런 상황에서 태어난 카이사르는, 귀족 출신이었지만 평민파에 속해 있었다.

왜냐하면, 카이사르의 삼촌인 마리우스가 평민파 출신으로, 집정관에 일곱 번이나 당선된 사람이었기 때문이었다. 귀족파와 평민파는 늘 서로 의견이 맞지 않아서 만나기만 하면 으르렁거리며 싸워댔기 때문에 정치가 하루도 조용할 새가 없었다.

"와, 삼촌은 정말 멋지단 말이야."

"왜?"

"저번에는 아프리카의 여러 곳을 정복하더니, 이번엔 게르만 민족들을 정복하고 돌아왔으니 말이야."

"하하하, 너도 삼촌의 뒤를 따라 훌륭한 사람이 되고 싶은 모양이로구나."

"네."

어린 카이사르는 주저하지 않고 곧바로 대답했다. 소년 카이사르는 늘 삼촌의 모습을 존경하며 부러워했다. 마리우스 삼촌은 그런 조카의 모습을 보며 대견스러워했다. 그러나 한편으론 서글픈 생각이 들기도 했다.

'카이사르, 정치란 겉으로 보는 것처럼 늘 멋있는 것은 아니다. 지금 로마 공화국은 너무나 타락해 있어. 네가 더 큰 다음에 이야기해 주마.'

로마는 마리우스의 걱정대로, 겉으로 그럴싸해 보이는 선거 제도조차도 부정투성이였다.

"여기 이 사람을 찍어 주면 돈을 드리겠소."

"투표권이 있는 사람은 내게 파시오."

선거가 있는 날이면 으레 폭력을 쓰는 사람들이 몰려들어, 사람들에게 은밀히 접근한 뒤 내놓고 흥정을 하곤 했다. 집정관 선거가 있을 때면 후보자들은 돈을 물 쓰듯 뿌렸다. 즉, 시민들에게 필요한 곡식을 나누어 주거나 잔치를 베풀었던 것이다.

마리우스는 무슨 수를 써서라도, 로마를 악의 구렁텅이에서 구해 내고자 온 힘을 쏟았다. 하지만, 그를 비롯한 몇몇의 힘만으로 감당하기엔 매우 벅찼다.

그러던 어느 날, 갑작스럽게 마리우스가 죽고 말았다. 이 때부터 로마는 귀족파의 손아귀에 들어가고 말았다. 귀족파의 대표인 술라는 이미 오래 전부터 작정한 듯이, 평민파를 모조리 없앨 계획을 세운 뒤, 하나씩 실행에 옮겼다.

"여기 말씀하신 평민파의 명단을 가지고 왔습니다."

"이리 가져오너라."

한 장씩 서류를 넘기며 평민파의 이름을 일일이 확인하던 술라의 눈에 한 명의 이름이 들어왔다.

"카이사르! 마리우스의 조카 녀석이로군. 이 아이가 지금 몇 살이지?"

"열일곱 살쯤 된 걸로 알고 있습니다."

"그래? 이 녀석도 없애 버려."

"옛? 그 정도 어린 소년이라면 우리 일에 별로 방해가 되지 않을 텐데."

"모르는 소리. 새끼호랑이를 그냥 놔두었다간 나중에 우리를 물고 말 거야. 내 말대로 하는 게 좋겠어."

평민파를 탄압한다는 소식은 곧 알려지게 되었고, 어린 카이사르도 무사하지 못할 것이라는 소문이 들려왔다. 카이사르는 눈물을 머금고 로마를 떠나 소아시아로 몸을 숨겼다. 평민파를 없애기 위한 한바탕 소동이 끝나자, 잠잠해진 틈을 타서 카이사르는 로마로 몰래 들어왔다.

"잘 만났군. 그렇잖아도 여기서 네가 오기를 기다렸다."

로마로 들어오는 길에 뜻하지 않게 카이사르는 술라의 부하 대장에게 덜컥 잡히고 말았다. 그러나 카이사르는 겁을 내지 않고 흥정을 했다.

"돈을 줄 테니 내 목숨을 살려 주시오."

"얼마를 줄 텐가?"

"이거면 되겠소?"

카이사르가 내민 돈 보따리를 끌러 본 술라의 부하는 만족스러운 표정을 지었다.

"좋아, 너를 풀어 주겠다. 그 대신 이 일을 비밀로 해야 한다. 알겠느냐?"

"물론이오."

술라의 부하에게서 풀려난 카이사르는 아직 로마가 안전한 곳이 아님

을 깨닫고, 다시 배를 타고 정처없이 떠나갔다.

"배를 세워라!"

"당신들은 누구시오?"

"하하하, 우리가 누구냐고? 바다의 왕, 해적이다!"

또 한 번 어려움에 부딪힌 카이사르였지만 전혀 당황하지 않았다.

'이자들이 원하는 것도 역시 돈이겠지.'

그가 생각했던 대로 해적들은 시퍼런 칼을 들이대며 재물을 요구했다.

"20달란트만 내놓으면 이곳을 지나가도록 해 주겠다."

"무슨 소리냐? 겨우 20달란트라니. 내 이름 카이사르를 내걸고 50달란트를 주겠다."

카이사르의 당당함에 해적들은 기가 죽었다. 카이사르는 하인을 시켜 돈을 구해 오도록 했다. 그 동안은 해적들과 함께 지내야 했다.

"잠을 자려고 하니 조용히 하도록!"

해적들에게 붙잡혀 있는 동안 카이사르는 마치 그들의 두목이라도 되는 것처럼 거침없이 행동했다. 하루는 카이사르가 해적들을 불러모아 놓고, 자신이 쓴 연설문을 읽어 주었다. 그러나 무식한 해적들은 무슨 뜻인지 알아듣지 못하고 멍하니 앉아 있었다.

"이런, 내가 하는 이야기가 무슨 뜻인지 알아듣지 못하다니. 너희 놈들은 책이라곤 들여다보지를 않으니 이런 꼴이지."

해적들은 고개를 숙인 채 카이사르의 꾸지람을 들었다. 얼마 후, 돈을 구하러 갔던 하인이 도착하자, 편히 지내던 카이사르는 손가락 하나 다친 데 없이 해적들에게서 풀려났다. 그곳을 떠난 카이사르는 병사들을 데리고 다시 해적들이 있는 곳으로 가서 그들을 모두 잡도록 했다.

로마를 떠나 있던 카이사르에게 드디어 기회가 왔다. 귀족파의 술라가 죽었다는 소식이 그에게 전해진 것이다.

"이제 로마로 돌아가셔도 좋을 듯합니다."

"아직 할 일이 남아 있어. 로도스 섬으로 가겠어."

"왜 그리로 가신다는 겁니까?"

"아직 내겐 사람들을 설득시킬 힘이 없어. 그런 수업을 받기 위해서는, 로도스 섬에 살고 있는 아폴로니우스를 찾아가서 연설하는 법을 배워야 해."

카이사르를 모시고 있던 하인은 그제야 고개를 끄덕였다. 아폴로니우스를 찾아 열심히 수업을 받던 카이사르가 로마로 돌아갈 결심을 한 것은 스물세 살 때였다.

술라는 이미 죽었지만 여전히 귀족들이 권력을 쥐고 마음대로 휘두르고 있었다.

'아직 내 야망을 드러내선 안 되겠어. 저들이 나를 경계하지 않도록 눈에 띄지 않게 다가가는 거야.'

마음속에 품은 큰 뜻을 감춘 채, 그는 로마의 정치 속으로 뛰어들었다. 큰 부자들을 비롯한 로마의 이름난 귀족, 정치가들과 자연스럽게 사귀어 나갔다. 이따금 정치에 대한 개인적인 질문을 받을 때면, 그는 그다지 큰 관심이 없다는 투로 대답하곤 했다.

"저 사람은 어느 쪽을 지지하지도 않고, 누구하고나 다 잘 어울리는군."

"그러게. 젊은 사람이 상대방이 기분 나쁜 말을 해도, 끝까지 들어 주면서 분위기를 잘 이끌어간단 말이야."

"정치 쪽에 아무런 야심이 없어 보여."

그를 아는 사람들은 카이사르를 경계하거나 멀리 하는 일이 없었다. 그러나 단 한 사람, 함께 연설 수업을 받았던 친구 키케로(로마의 철학자이며 역사가)만이 그의 야심을 눈치채고 있었다.

'저 사람의 웃는 얼굴 뒤에는 로마에 대한 큰 욕망이 숨어 있어. 모든 사람들이 그를 부드럽고 다정한 사람이라고 평가하고 있지만, 언젠가는 반드시 자신의 야심을 드러낼 날이 있을 거야.'

키케로는 멀리서 카이사르의 모습을 지켜보며 이런 생각을 하곤 했다. 키케로의 짐작대로 카이사르는 시간이 흐를수록 그의 결심을 점점 굳혀 가고 있었다.

'두고 봐, 지금은 귀족들이 평민파를 깔보며 저렇게 거만을 떨고 있지만, 곧 그 코를 납작하게 만들어 주고 말 테니. 난 평민파의 대표가 되어 사람들의 마음을 사로잡아서, 로마 공화국의 제일인자가 되고 말 거야.'

그가 기다리던 기회가 드디어 왔다. 기원전 68년, 삼촌 마리우스의 아내였던 숙모 율리아가 숨을 거둔 것이다.

'이 때를 놓치면 안 된다.'

그 당시 로마 사람들은 장례식을 치를 때, 무덤 앞에서 죽은 사람을 위한 애도의 연설을 하는 관습이 있었다.

"여러분, 이렇게 제 숙모님의 죽음을 위로하기 위해 모여 주신 것에 대해 감사의 인사를 드립니다. 여기 이 초상화의 인물을 기억하고 계십니까?"

"저건 평민파 마리우스의 초상화이다."

"그렇습니다. 평민파로 여러분을 위해 혼신의 힘을 쏟았던 제 삼촌 마리우스입니다. 이분이 로마를 다스렸을 때, 여러분은 얼마나 행복하셨습니까? 하지만 지금 여러분들의 생활은 몹시 힘들고 지쳐 보입니다. 마리우스가 우리들 곁에 있었을 때가 그립지 않으십니까? 귀족들이 우리들에게 해 준 것이 뭐가 있나요?"

"카이사르의 말이 옳다!"

로마 시민들은 카이사르의 추도 연설을 들으면서, 가슴속에 무언가 불길 같은 것이 치밀어올랐다.

"마리우스가 있던 그 시절로 돌아가야 한다!"

"저길 좀 봐! 마리우스의 초상화 들고 있는 조카 카이사르의 모습이 마치 마리우스처럼 보이는걸."

"카이사르를 시민들의 대표로 내보내자!"

흥분하기 시작한 시민들을 귀족파 사람들도 어떻게 해 볼 도리가 없었다. 이 날의 연설은 대성공을 거두었고, 카이사르는 제사장 선거에 평민파 후보로 등록할 수 있었다. 선거가 있기 며칠 전, 귀족파의 유명한 정치가 카툴루스가 카이사르를 찾아왔다.

"이보게, 카이사르. 자네가 원하는 게 뭔가? 만약 돈이라면 내가 얼마든지 줄 수 있으니, 이번 제사장 선거를 포기하게."

"하하하, 가진 돈이 굉장히 많으신가 보군요. 그럼, 제 선거에 쓸 돈을 빌려 주시겠습니까?"

"뭐야? 뭘 믿고 그렇게 자신만만한지 모르겠지만 어디 두고 보자."

"그럼 선거 날 뵙겠습니다."

카이사르는 눈 하나 깜짝하지 않고 카툴루스를 돌려보냈다. 마침내 시민들이 제사장을 뽑는 투표 날이 되었다.

"얘야, 괜한 짓을 한 것 같구나. 이번 선거에서 지게 되면, 귀족파들이 너를 가만 내버려두지 않을 텐데."

카이사르의 어머니는 집을 나서는 아들을 바라보며 걱정스러운 마음뿐이었다. 그러나 카이사르는 어머니 손을 꼭 잡으며 말했다.

"그런 걱정은 안하셔도 돼요. 조금만 기다리면 기쁜 소식을 전해 드릴 테니."

그길로 카이사르는 시민들의 평가를 받기 위해 곧장 투표장으로 향했다. 투표 결과는 카이사르의 당선이었다. 이는 카이사르의 승리이자, 평민파의 승리이기도 했다.

"만세! 평민파 만세!"

제사장이 된 카이사르는 그를 뽑아 준 시민들에게 보답하기 위해 잔치를 열었다.

"오늘 광장에서 시민들을 위한 축제가 열린다는군."

"그거야 으레 선거가 끝나고 나면 열리는 행사가 아닌가?"

"아닐세. 이번에 당선된 카이사르 제사장은 특별한 구경거리를 보여 준다는군. 사자와 사람을 경기장 안에 몰아넣고, 한쪽이 죽을 때까지 경기를 한다는 거야."

"와! 그거 대단한걸."

로마 시민들은 마땅히 즐길 만한 놀이가 없었던 터라, 박수를 치며 좋아했다. 카이사르는 제사장의 임기 동안, 대규모의 무술 경기를 너무 자주 열어서 돈을 많이 써 버렸다. 제사장의 임기가 끝나자, 카이사르는 에스파냐 총독 직을 맡게 되었다. 그러나 그동안 진 빚이 천 달란트가 넘었기 때문에, 에스파냐로 떠날 수가 없었다.

'이를 어쩐담? 그렇지. 크라수스를 찾아가 부탁해 보자.'

크라수스는 로마에서 알아주는 부자 정치가였다.

"내게 천 달란트의 돈을 빌려 주신다면 고맙겠소."

"돈을 빌려 달라?"

아무런 보증도 내놓지 않고 큰돈을 그냥 빌려 달라는 카이사르의 말은 황당하기까지 할 정도였다. 크라수스는 그를 유심히 바라보았다.

'저 사람은 가진 것은 없지만 시민들의 인기를 얻고 있어. 폼페이우스를 누르려면, 나중에 저 사람의 힘이 필요할지도 모르겠군.'

재산가 크라수스가 경계하는 인물은, 요즘 지중해를 정벌하러 나서면서 시민들의 지지를 받고 있는 폼페이우스였다. 크라수스는 폼페이우스를 없앨 계획으로 젊은 카이사르를 이용하기로 마음먹었다.

"좋소. 기꺼이 빌려 주겠소."

"고맙소."

로마에서 진 빚을 대강 정리한 뒤, 카이사르는 하인들과 함께 에스파냐를 향해 길을 떠났다. 알프스를 넘어 한 작은 마을을 지나칠 때였다.

"사람들이 별로 보이질 않는군."

"이 작은 마을에서도 대표가 되려고 경쟁하는 사람들이 있을까요?"

"후후, 나 같으면 로마의 두 번째가 되느니, 이 곳 마을의 대표가 될 것이다."

말을 주고받던 하인의 얼굴에 순간 긴장감이 감돌았다. 카이사르의 말처럼 그는 로마의 제일인자가 되고 싶었다. 에스파냐의 총독으로 가 있는 동안에도 그의 꿈은 점점 확실해져 갔다.

어느 날, 한가한 틈을 이용해 카이사르는 한 권의 책을 읽고 있었다. 마지막 책장을 넘기며 그는 깊은 한숨을 쉬었다.

"휴!"

"왜 그러십니까? 무슨 책을 읽으셨나요?"

"알렉산더 대왕의 일대기를 쓴 책일세. 이 책을 읽고 나니, 내 자신이 더욱 한심스럽게 느껴지는군."

"어째서 그런 생각을 하십니까?"

"서른두 살에 알렉산더는 벌써 세계를 통일하는 꿈을 이루었는데, 난 아무 일도 해 놓지 못했으니 말이야."

에스파냐의 총독으로 있는 동안, 카이사르는 제법 재산을 모을 수 있었다. 게다가 로마의 지배를 받지 않았던 에스파냐 주변의 나라들을 공격하여 새로운 영토를 차지할 수 있었다. 이 곳에서의 임기를 마친 카이사르는 당당하게 로마로 들어갔다.

　'이제 내 나이도 마흔 살이 훨씬 넘었으니, 더 이상 앉아서 기다릴 수만은 없다. 로마의 최고 권력인 집정관이 되어야겠어.'

　단단히 마음을 굳힌 그는, 크라수스와 폼페이우스가 손을 잡게 해야겠다고 작정한 뒤, 먼저 폼페이우스를 찾아갔다.

　"그 동안 잘 있었나요?"

　"어서 오시오, 카이사르."

　서로 술잔을 기울이는 동안 폼페이우스는 가슴속에 품고 있던 불만을 털어놓았다.

　"체, 원로원 노인네들은 왜 그렇게 융통성이 없는지 모르겠어."

　"무슨 일이 있었나요?"

　"지중해에 들끓던 해적과 주변 나라들을 정벌하고 로마로 돌아왔는데도 내 공적을 인정하려 들지 않으니 답답할 따름이오."

　기다리고 있던 이야기가 나오자, 카이사르는 바짝 정신을 차렸다.

　"그렇겠군요. 그럼 나와 한 가지 약속을 해 준다면 당신이 전쟁에서 세운 공을 원로원에서 인정하도록 권유를 해 보겠소."

　"한 가지 약속이라니, 어떤 것이오?"

　폼페이우스는 카이사르의 말에 구미가 당기는지 바짝 다가앉았다.

　"내가 로마의 집정관이 되도록 도와주시오."

　"그거야 어렵지 않은 일이지만, 당신을 어떻게 믿을 수 있소?"

　카이사르는 이미 생각하고 있었던 일이라 즉시 대답을 했다.

　"내 딸을 당신에게 주겠소."

　"네?"

　뜻밖의 말에 폼페이우스는 깜짝 놀랐다. 왜냐하면, 폼페이우스는 카이사르보다 나이가 네 살이나 더 많았기 때문이었다. 일단 폼페이우스를 자신의 편으로 끌어들인 카이사르는, 다시 크라수스를 찾아갔다. 그는 크라수스에게, 지금은 폼페이우스와 화해를 하는 편이 훨씬 유리하다는 것을 차분하게 설득했다.

두 명의 영웅을 자기 편으로 끌어들인 카이사르는, 결국 원하던 대로 로마의 집정관에 당선되었다. 그가 처음으로 한 일은 '식민지 법안'과 '토지 곡물 분배 법안'을 원로원에 제출한 것이었다. 로마 시민들은 카이사르의 정책에 열렬히 환호했다. 그러나 원로원에서는 앞장서서 반대했다. 이제 자신만만한 카이사르는 원로원의 결정을 받아들이지 않고, 광장으로 나가 시민들에게 외쳤다.

"여러분을 위해 내놓은 정책에 대해 어떻게 생각하십니까?"

"새 집정관의 의견에 찬성하오!"

"집정관 만세!"

시민들의 환호성에 카이사르는 한 걸음 더 나아가 외쳤다.

"앞으로 난 여러분들을 위해 내 한 목숨을 바칠 것이오! 시민 여러분들도 나를 믿고 따르겠습니까?"

카이사르의 양 옆에 서 있던 폼페이우스와 크라수스가 앞으로 나서며 시민들을 향해 칼을 빼들었다.

"이 칼을 걸고 카이사르를 지킬 것이오!"

시민들은 세 사람을 바라보며 박수를 치고 소리를 질러댔다.

전쟁의 영웅으로 로마의 권력가가 되려고 한 폼페이우스, 엄청난 재산을 이용해 로마를 자신의 발 밑에 두고 휘둘러 보려고 하는 크라수스와, 가진 것은 없지만 영리한 머리를 이용해 로마의 제일인자가 되려는 카이사르, 이 세 사람은 서로 동맹을 맺고 로마의 지도자가 되었다. 이로써 로마의 제1차 삼두 정치가 시작되었다.

'시민들의 마음은 얻고 있지만, 아직 전쟁에서의 내 업적이 너무 보잘것없구나.'

늘 이런 것이 마음에 걸린 카이사르는 집정관의 임기가 끝나자, 야만인들이 몰려 있는 갈리아 원정을 자청하고 나섰다.

갈리아 지방은 매우 험한 지형에 지금의 프랑스, 네덜란드, 벨기에, 영국에 이를 정도로 매우 넓었다.

거의 10년이란 오랜 세월 동안 이 원정에 나선 카이사르는, 8백 개의 도시와 3백여 부족들을 굴복시켰다. 3백만이 넘는 적들과의 전쟁에서 백만 명은 죽였으며, 백만 명은 사로잡는 큰 성과를 이루었다.

카이사르의 갈리아 원정이 성공리에 끝난 것은, 잡힌 포로들을 비교적 관대하게 대해 주고, 자신의 부하들을 끔찍이 사랑한 데 있었다. 부하 중의 한 사람인 아킬레우스 역시 카이사르를 늘 부모님처럼 믿고 따랐다. 마르세유 해전 중 아킬레우스는 그만 오른팔을 잃고 말았다.

"상처가 심하니 어서 몸을 피하십시오."

"괜찮소."

자신을 염려해 주는 병사의 말에 아랑곳하지 않고, 아킬레우스는 남은 왼팔을 가지고 적들을 막아냈다.

하루는 영국과의 혈전이 있던 날이었다. 카이사르의 앞선 부대가 그곳의 지형에 익숙지 않아서, 그만 늪에 빠지고 말았다. 앞에서는 영국 군대의 화살이 비오듯 날아오고 있는 상황이라, 이제 죽었구나 하는 생각뿐이었다. 그 때, 겨우 늪에서 빠져 나온 카이사르의 한 병사가 잽싸게 적의 군대를 향해 돌진해 들어가면서 나머지 병사들이 늪에서 빠져 나오도록 해 주었다. 이처럼 카이사르의 군사들은 자신의 목숨을 내놓고 적들과 싸웠다.

함대를 이끌고 싸우던 카이사르의 한 병사는 온 힘을 다해 싸웠으나 결국 적의 포로가 되고 말았다. 적군의 장군은 이 병사의 당당함에 감동했다.

"가거라! 너를 풀어 주겠다."

"적에게 구원을 받는다는 것은 카이사르 병사의 한 사람으로서 수치스런 일이다. 차라리 죽음을 택하겠다."

말을 마친 카이사르 병사는 그 자리에서 자살을 하고 말았다. 병사들의 이러한 명예와 긍지는 카이사르의 영향 때문이었다. 그러나 싸움터에서 비굴하게 도망쳐 오는 병사들이 눈에 띄는 날엔 엄한 벌을 내렸다.

"헉헉!"

"자넨 지금 어디로 가는 거야?"

"아군이 불리한 터라 후퇴를 하는 중입니다."

"어서 싸움터로 돌아가지 못하겠어!"

이런 강한 군인 정신은 병사들에게만 강요한 것이 아니었다. 카이사르 자신이 직접 병사들에게 모범을 보이며 실천했다. 카이사르는 전쟁 중에 몸이 몹시 쇠약해졌지만, 병사들에게 그 사실을 숨긴 채 늘 그들과 함께 생활했다. 한번은 카이사르가 심한 열병에 걸려 고생하고 있을 때였다.

"편안히 쉬셔야 합니다."

"아닐세. 병사들은 저렇게 힘들게 싸우고 있는데, 나 혼자 어떻게 쉴 수 있단 말인가? 전쟁이 나에겐 좋은 약이 될 걸세."

이 말을 전해 들은 병사들은 모두 눈물을 흘렸다. 부하를 사랑하는 마음은 여기서 그치지 않았다. 적진을 향해 군대가 이동하고 있던 어느 날, 날씨가 매우 좋지 않아 도무지 앞으로 나아갈 수가 없었다.

"저기 집이 한 채 보이는군. 우선 저 곳에서 머물다 가세."

초라한 작은 집에 카이사르의 한 부대가 도착했다.

"어서 안으로 들어가서 쉬십시오."

병사들은 보초를 서고, 카이사르가 안으로 들어가려는 찰나였다. 한 병사가 몸을 덜덜 떨며 기침을 하고 있었다.

"나보다 저 사람이 안으로 들어가서 안정을 취하는 게 좋을 것 같군."

카이사르는 병사들의 권유에도 불구하고 병든 부하를 집 안으로 들여보내고, 자신은 처마 밑에서 밤을 새웠다.

카이사르 원정군이 가까이 다가오고 있음이 알려지자, 갈리아 사람들은 똘똘 뭉쳐 원정군을 막아내기로 했다. 그러나 카이사르가 말에 올라탈 사이도 없이 병사들 앞에 서서 지휘를 하자, 로마 병사들은 감격했다. 이번 싸움은 오래 가지 않아 로마 군대의 대승리로 끝이 났다.

"갈리아의 포로들을 고향으로 돌려보내도록 하라. 그리고 그들을 위해서 이미 불타 없어진 집을 짓도록 하라."

카이사르는 전투가 끝난 다음엔, 정복한 지역의 사람들을 후하게 대접해 주었다. 다시 게르만 민족을 정복하기 위해 행군을 시작했다. 하지만 원정군이 온다는 소식을 미리 알아차린 그들은, 가족들을 먼저 안전한 곳으로 옮겨 놓았다.

"텅 빈 마을을 보고 방심하고 있을 원정군을 향해 출격하라!"

6만 명의 잘 훈련된 게르만 병사들은, 카이사르 군대가 쉴 틈을 주지 않고 물밀듯이 밀려들어갔다. 순식간에 당한 일이라 카이사르의 병사들은 허둥댔다. 이 틈에 유능한 장수 두 명도 목숨을 잃고 말았다.

보고를 받은 카이사르는 조금도 주저함이 없이 부대를 앞장서서, 이리저리 흩어지는 병사들을 향해 명령했다.

"물러서는 놈은 살아남지 못할 것이다!"

창을 마구 휘두르며 적을 향해 돌진하는 카이사르의 모습을 본 로마 병사들은, 용기를 얻어 그 뒤를 따라 열심히 싸웠다. 6만 명의 게르만 민족 중 이번 전투에서 살아남은 사람은 5백 명뿐이었다.

이번 전쟁의 큰 승리는 곧장 로마로 전해졌고, 원로원은 보름 동안을 축제일로 정할 정도였다. 그러나 로마에서는, 시민들에게 카이사르의 인기가 점점 높아질수록 그의 세력이 커지는 것을 시기하는 반대파의 불만이 높아졌다.

"카이사르는 자신의 공적을 높이기 위해 쓸데없이 전쟁을 벌이고 있습니다. 전쟁에서 승리를 거두었다고 마냥 좋아할 때가 아닙니다. 그는 분명 전쟁의 공적을 내세워, 로마를 마음대로 움직이려고 할 것이니 경계해야 합니다."

"맞습니다. 카이사르를 그냥 저대로 놓아 두어서는 안 됩니다."

반대파의 소리는 전쟁터에 있는 카이사르의 귀에까지 들려왔다.

'로마 안에서 일어나는 일을 모른 체 놔둘 수는 없지. 우선 폼페이우스와 크라수스를 불러, 내 지위를 더욱 확고히 해 두어야겠어.'

그는 곧 폼페이우스와 크라수스를 포함한 로마의 유명 인사들과 원로원 의원들을 포 강 부근으로 초청했다.

"오랜만에 뵙는군요. 이리들 앉으시지요."

"허, 잔치라면 카이사르 총독을 위해 우리가 마련해야 하는 것 아닙니까?"

"아닙니다. 이 곳까지 와 주신 것만 해도 영광입니다."

잘 차려진 잔칫상에 분위기가 무르익자, 카이사르는 미리 준비해 둔 말을 슬쩍 꺼냈다.

"로마를 운영하고 있는 의원 여러분! 한 가지 드릴 말씀이 있습니다."

초대를 받아 온 손님들은 이야기를 멈추고 그를 바라보았다.

"에스파냐 총독에 폼페이우스를 추천합니다. 그리고 크라수스가 시리아의 총독을 맡는다면, 로마는 무한한 발전이 있을 거라 믿습니다. 더불어 갈리아에서의 제 임기도 5년 더 연장해 주시기 바랍니다."

폼페이우스와 크라수스 역시 카이사르의 제안에, 자신들에게 나쁠 것이 없다고 생각되자 적극 그의 의견에 동의했다. 세 사람의 의견이 확고해지자, 원로원에서도 이를 승낙할 수밖에 없었다.

'이제 남은 땅을 마저 정복하면 되겠군.'

다시 갈리아 총독에 임명된 카이사르는, 바다를 건너 영국까지 정복했다. 이로써 로마 제국의 기초가 이루어졌다.

이 즈음, 카이사르에게는 좋지 않은 소식이 보고병으로부터 전해졌다.

"로마에서 슬픈 소식이 왔습니다."

"뭔가? 말해 보게."

"총독님의 따님이 세상을 떠났다고 합니다."

"내 딸 율리아가 죽었다고?"

율리아는 폼페이우스에게 시집 보낸 카이사르의 딸이었다. 주변 사람들은 갑작스런 그녀의 죽음으로 인해, 폼페이우스와 카이사르의 밀접한 관계가 끝나지 않을까 하는 염려를 했다. 물론 카이사르 역시 불안감을 느꼈다.

'내 딸이 죽은 이상 폼페이우스가 언제라도 나를 배신할 수 있어. 로마 안의 돌아가는 상황을 좀더 신경을 써서 살펴봐야겠군.'

카이사르는 전쟁에서 얻은 기념품들을 로마로 보내, 시민들에게 나누어 주면서 자신을 잊지 않도록 각별히 신경을 썼다.

겨울이 다가올 무렵, 동북방의 갈리아 사람들은 힘을 모아 반란을 일으키기 시작했다.

"괘씸한 놈들! 이번엔 단단히 혼을 내주어야겠다."

급히 군대를 몰아 갈리아로 달려갔으나, 그들은 어느 새 알레시아로 옮겨갔다. 알레시아 성 안에 있는 군사들의 숫자는 17만이나 되었다. 꺾일 줄 모르는 기세로 성 주위를 둘러싸긴 했지만, 카이사르의 군대는 위험한 지경에 처하고 말았다. 왜냐하면, 알레시아에서는 갈리아 주변 나라들의 군사를 모아, 30만 대군이 카이사르 군대의 뒤쪽을 포위하고 있었기 때문이었다.

'이런, 로마 군대가 독 안에 든 쥐 꼴이 됐군.'

카이사르는 순간 신경이 곤두섰지만, 이내 정신을 바짝 차렸다.

'우선 급히 오느라 지쳐 있을 뒤쪽의 지원군을 먼저 공격한 다음, 성 안의 적들을 쳐부수어야겠다.'

그는 머뭇거리지 않고 공격 명령을 내렸다.

"뒤에 있는 적들을 향해 공격하라!"

"와아!"

앞장선 카이사르의 뒤를 따라 재빠른 공격에 나선 로마 군대를 맞아, 갈리아의 지원군들은 제대로 공격 한 번 해 보지 못하고 도망쳤다. 다시 쉴 사이도 없이 카이사르는 성 안의 갈리아 사람들을 공격했다. 이미 불이 붙은 병사들은 그칠 줄 모르는 힘과 용기를 가지고, 성 안 마저 함락시킬 수 있었다. 갈리아 지방은 완전히 정복되었고, 로마 시민들은 카이사르의 업적에 온통 마음을 뺏길 정도였다.

'카이사르의 인기가 나날이 높아져 가고 있으니, 이러다간 내 지위가 흔들리겠는걸. 이미 크라수스가 죽고 없는 지금, 로마를 내 손 안에 넣어야겠다.'

로마 사람들 중에 폼페이우스만이 카이사르를 경계하며, 자신의 욕망을 드러내기 시작했다. 원로원에 힘을 써서 집정관이 된 폼페이우스는, 에스파냐와 아프리카의 총독 임기까지 자신의 마음대로 연기했다. 이미 로마의 사정을 훤히 듣고 있던 카이사르는, 화가 치밀어올라 병사를 시켜 자신의 마음을 원로원에 알렸다.

이번에 폼페이우스가 로마의 집정관이 되어, 에스파냐와 아프리카 총독의 임기까지 연장한 것에 대해 불만은 없습니다. 그러나 이것은 엄연히 삼두 정치에 어긋나는 일이므로, 제게도 집정관의 자리와 갈리아 총독의 임기를 연장해 주어야 할 것입니다.

원로원측에서는 결정하기 어려운 문제였다. 하지만 로마에 있는 폼페이우스의 압력에 못이겨 카이사르의 부탁을 거절했다.

"흠, 내 요구를 받아들이지 않겠단 말이지. 그에 대한 복수의 대답은

이 칼이 대신 해 줄 것이다."

카이사르는 병사의 보고를 듣고 마음을 굳혔다. 며칠 뒤, 원로원으로부터 명령이 전달되었다. 물론 폼페이우스의 지시에 의한 것이었다.

군대를 해산하고 로마로 돌아오라.

카이사르는 기가 막힐 노릇이었지만 곧 답장을 보냈다.

폼페이우스도 저와 함께 군대를 해산하고, 보통 시민이 되도록 해 주신다면 받아들이겠습니다. 우리 두 사람이 로마 시민으로 돌아간 뒤, 그 동안의 업적에 대한 보상을 적절히 해 주십시오.

원로원을 통해 카이사르의 편지 내용을 전해 들은 폼페이우스는 화를 벌컥 냈다.

"건방진 놈! 그 동안 내버려두었더니 하늘 무서운 줄 모르고 설치는군. 다시 전하시오! 만약 원로원이 정한 날까지 군대를 해산시키지 않는다면 반역자로 처리하겠다고 말이오."

드디어 카이사르가 걱정하던 일이 터지고 말았다.

'로마의 원로원은 폼페이우스의 손에 놀아나는군. 어차피 군대를 해산하고 돌아가 봤자, 그들은 나를 감옥에 집어넣을 것이다. 이제 길은 한 가지다.'

이미 마음을 굳힌 카이사르였지만, 한편으론 걱정스러운 것이 하나 둘이 아니었다.

'3백 명의 기마병과 5천 명의 군사를 가지고 저들과 대결해서 이길 수 있을까? 아니야, 병사들만 목숨을 걸고 싸워 준다면……'

복잡한 마음에 손님들을 초대하여, 검투 경기를 보며 머리를 식혔다.

"피곤해 보이는데 좀 쉬시죠?"

"아니오, 잠깐 딴생각을 하느라 그런 것이오. 자, 어서들 드십시오."

조금 있다 자리에서 일어난 카이사르는, 손님들에게 양해를 구하고 밖으로 나왔다. 그리고 말을 타고 루비콘 강을 향해 달리기 시작했다. 루비콘 강은 이탈리아와 갈리아의 국경 지대에 있었다. 급히 말을 달려 이 곳에 이른 카이사르는, 무심히 흐르는 강물을 바라보았다.

'이제 내 운명을 결정지을 시간이 얼마 남지 않았다. 저 강을 건너서 로마로 들어가게 되면, 원로원의 명령에 따르지 않았으므로 반역자가 될 것이다. 하지만 저 강을 건너지 않는다고 해도 나를 그냥 내버려 두지 않을 것이다.'

그의 머릿속엔 지난 세월이 스쳐 지나갔다.

'그래, 내 꿈은 로마의 제일인자가 되는 것이었어. 물론 조국에 반란 을 일으키면서 하고 싶었던 일은 아니었지만. 아니야! 이번 기회가 하 늘이 주신 절호의 기회일지도 몰라.'

루비콘 강의 물살은 그의 마음을 눈치채기라도 한 듯이 세차게 흘렀 다.

"여기 계셨군요."

"오, 자네들이로군. 어찌 알고 여기까지 따라왔는가?"

"총독님의 모습이 보이질 않길래 혹시나 하고, 군사들을 몰고 찾아 나선 길이었습니다."

"그랬군."

군대의 장군 중 한 명이 카이사르에게 한 마디 건넸다.

"저희들은 총독님이 어떤 결정을 하시더라도 그대로 믿고 따르겠습니 다. 명령만 내려 주십시오."

"자네들……."

이미 카이사르의 병사들도 그의 마음을 알고 있는 눈치였다. 카이사르는 미처 말을 맺지 못했다.

"좋아, 이미 주사위는 던져졌다!"

마음을 정한 카이사르는 그를 따르는 병사들을 이끌고 루비콘 강으로 뛰어들었다. 카이사르의 군대가 진격해 온다는 소식은 로마를 발칵 뒤집어 놓았다.

"카이사르가 로마로 쳐들어온다네!"

"우리는 꼼짝없이 죽게 생겼네."

"잠자는 호랑이를 건드려 놓았으니 큰일이로군."

원로원 의원들은 짐을 싸서 로마를 서둘러 떠났고, 로마 시민들은 놀라서 갈팡질팡했다. 폼페이우스는 그들을 향해 큰소리 쳤다.

"걱정할 것 없다. 로마에는 이 폼페이우스가 지키고 있지 않나? 모두들 서둘지 말고 자신의 자리를 지켜라!"

그러나 이미 카이사르의 용맹스러움을 잘 알고 있던 사람들은, 그의 말을 믿을 수가 없었다. 결국 폼페이우스도 사람들 틈에 끼여 발칸 반도로 떠났다.

'우선 에스파냐로 가서 내 군사들을 모아야겠다. 지금은 뒤로 물러나지만, 결코 카이사르가 무서워서 도망가는 것이 아니다.'

에스파냐에 있는 폼페이우스의 군대는 카이사르의 군사들보다 숫자도 많았으며 훈련이 잘 된 군사들이었다. 폼페이우스는 에스파냐와 발칸 반도 양쪽에서 카이사르의 군대를 공격할 계획을 세웠다. 일단 로마로 들어온 카이사르는, 몇 개월 동안 이탈리아 반도를 평정했다. 그런 뒤, 우선 발칸 반도에 폼페이우스의 발을 묶어 놓았다.

"해외로 도망친 자들은 고국으로 돌아오라. 그 동안 지은 죄는 묻지

않을 것이며, 지위를 보장해 줄 것이다."

그뿐만이 아니었다. 카이사르는 곡식 창고를 활짝 열어서, 병사들에게 그 동안 밀린 월급을 주기도 했다. 로마 시민들 역시 법의 개정으로 인해 혜택을 받았다.

"자네, 소식 들었나? 그 동안 귀족들이 우리에게 높은 금리로 이자를 받아온 것을 없애 준다는군."

"그게 사실인가?"

로마 시민들은 높은 이자를 감당하지 못해 늘 생활에 쪼들림을 받아 왔다. 그런데 카이사르가 로마로 들어와서, 시민들의 가슴을 후련하게 해 주고 있었다. 이에 대한 보답으로 원로원에서는 카이사르에게 독재관의 지위를 주었다. 독재관이란, 로마의 병사뿐만이 아니라 점령국의 모든 군대까지도 지휘할 수 있는 최고의 자리였다.

'폼페이우스를 내 발 밑에 꿇릴 때가 됐어.'

엄청난 군대를 움직이기 위해서는 많은 돈이 필요했다. 독재관의 자리에 오른 카이사르는 아무런 거리낌 없이 국고에 돈을 요구했다.

"이봐, 호민관. 국고에 있는 돈을 모두 가져오게."

"안 됩니다."

"지금 뭐라고 했나?"

"국고에 손을 대시려면 적법한 절차를 거치셔야 합니다."

국고를 담당하고 있던 젊은 호민관은 카이사르 앞에서 그의 요구를 당당히 거절했다.

"자네의 충성은 기억하고 있겠네. 하지만 난 새로 임명된 로마의 독재관이라는 사실을 잊지 말았으면 하네. 내 말은 곧 로마의 법이기도 하단 말일세."

"전 아직 원로원으로부터 국고를 열라는 명령을 받지 못했습니다."

"아직도 내 말을 알아듣지 못했나?"

짜증이 난 카이사르는 대장장이를 불러오도록 했다. 곧 도착한 대장장이가 카이사르의 명령을 받아 금고의 문을 열었다.

드디어 발칸 반도를 향해 군대를 출발시켰다. 폼페이우스는 이 소식을 듣고, 이미 대군을 준비시키고 있었다. 이 즈음 카이사르의 병사들 중에는, 오랜 기간의 전쟁에 대해 불평을 하는 사람도 있었다.

"아, 날씨가 너무 춥구나. 로마로 들어가면 전쟁이 모두 끝날 줄 알았는데 여전하구나. 전쟁터에서 내 젊음을 모두 보내는군."

"맞아, 이제 그만 집으로 돌아가고 싶어."

혹독한 날씨와 계속된 행군으로 병사들은 지쳐 갔다. 카이사르 역시 힘든 시간을 보내고 있었다.

'내 군대로는 폼페이우스와 싸우기에는 어림도 없어. 일단 수송선을 마련한 뒤 본부대와 합류를 해야 해.'

카이사르는 수송선을 마련하기 위해 변장을 하고, 이탈리아로 가는 배에 몸을 실었다. 그가 탄 배가 출발을 했다.

"이런, 안 되겠군."

떠날 때는 잠잠하던 날씨가 갑자기 무섭게 변하더니, 파도가 높이 쳤다. 배는 이리저리 흔들리기만 할 뿐, 앞으로 나아가지 못했다.

"우선 비바람이 멈춘 다음 다시 건너가기로 하고, 오늘은 그만 돌아가야겠소."

배를 조종하던 선장이 소리쳤다. 그 때, 변장을 하고 있던 카이사르가 손을 내저으며 달려 나왔다.

"무슨 소리요? 여기서 돌아가면 어쩐단 말이오?"

"당신은 저 파도가 보이지도 않소?"

"걱정할 것 없소. 카이사르가 탄 배는 절대 가라앉지 않을 것이오. 카이사르는 늘 행운의 여신과 함께 있으니."

"그럼, 이 배에 카이사르가 타고 있단 말이오?"

선장은 두 눈을 동그랗게 뜨고, 앞에 서 있는 사나이를 바라보았다.

"바로 당신 앞에 서 있지 않소? 내가 카이사르요."

"옛?"

결국 배는 카이사르의 말대로 높은 파도를 헤치고 앞을 향해 나아갔다. 그러나 시간이 흐를수록 날씨는 점점 더 나빠졌다. 카이사르는 한숨을 내쉬며 배를 돌려 돌아올 수밖에 없었다.

카이사르가 어깨를 늘어뜨린 채 병사들 앞에 나타나자, 그를 기다리고 있던 장군들은 우르르 몰려나왔다.

"수송선을 마련하는 일은 실패요."

"무얼 그렇게 걱정하십니까? 이제까지 수많은 대군들을 상대로 싸운 저희들이 아닙니까? 이번에도 분명히 이길 자신이 있습니다."

병사들의 위로에 카이사르는 눈물이 복받쳐 올랐다. 며칠 뒤, 그토록 기다리던 안토니우스가 이끄는 본부대가 드디어 도착했다. 마침내 기다리던 폼페이우스와의 대전투가 벌어지게 되었다.

폼페이우스의 군대가 식량 사정이 넉넉한 데 비해, 카이사르가 이끄는 군대는 그렇지 못했다. 로마에 남아 있던 돈이 생각보다 많지 않았기 때문에, 이번 전투에 군사들에게 먹을 것을 충분히 줄 수가 없었다.

그러나 카이사르 군사들의 용맹스러움과 많은 전쟁 경험은 대단한 역량을 발휘했다. 음식의 양이 적어질수록 폼페이우스의 군대에 대한 증오는 날로 더해갔다.

"어서 저놈들을 무찌르고 음식을 배불리 먹어 보자!"

"얼굴이 번지르르한 저놈들은 둔해서 우리의 상대가 못 된다."

서로 눈치만 보고 있던 양쪽의 군사들 간에 드디어 한판 전투가 벌어졌다. 그런데 폼페이우스 군사들이 갑자기 쳐들어오자, 넋을 놓고 있던 카이사르의 군대는 쫓기는 신세가 되고 말았다.

"하하, 꽁지가 빠지게 달아나는 저놈들을 봐라!"

"그렇게 잘난 척을 하더니 겨우 그 정도밖에 안 되냐!"

"어디 덤벼 봐라!"

폼페이우스의 군사들은 도망가는 카이사르의 군사들을 손가락질하며 비웃었다. 폼페이우스 역시 보고병의 말을 듣고 흡족해했다.

"내게 준 모욕을 톡톡히 갚아 주겠다. 마지막 한 놈도 살려 두지 말고 뒤쫓도록 해라!"

그러나 이것은 카이사르의 작전이었다.

'폼페이우스를 지형이 유리한 곳에서 불러내기 위해서는, 우리 편이 지는 체하면서 뒤로 도망가는 게 제일이야. 일단 평원으로 나오게 만들어야지.'

폼페이우스는 이런 작전을 짐작도 하지 못했다. 카이사르의 군사는 지원군이 와 주었다고는 하지만, 기마병이 9백, 보병이 2만 5천 명 정도였다. 그에 비해 폼페이우스의 군사는 기마병이 총 7천에 보병이 4만 5천 명으로 두 배 이상이었다. 이미 폼페이우스 군대와 싸움이 벌어지고 있던 참이라, 카이사르는 장군들을 모아놓고 의견을 물었다.

"수적으로 불리한 우리 군대를 지원하기 위해, 지금 주변 나라들이 군대를 파견하고 있다는 사실은 잘 알고 있을 것이오."

"언제쯤 도착합니까?"

"시간이 좀 걸릴 것이오."

"적들과 싸움은 이미 시작됐는데, 다른 나라들의 지원군들이 오기까지 팔짱만 끼고 서 있을 수는 없지 않습니까?"

장군들은 전쟁을 미루어서는 안 된다고 서로들 나섰다.

"이제 후퇴만 하지 말고, 적들과 맞서서 싸워야 합니다!"

"싸웁시다!"

카이사르는 장군들의 심정을 이해한다는 듯이 고개를 끄덕였다.

"좋소. 내일 아침 출격을 할 테니 준비를 단단히 하시오."

날이 밝자, 카이사르 군대는 폼페이우스 군대를 맞아 물러섬이 없이, 격렬히 싸우기 시작했다. 곧 적의 앞선 부대가 뚫리자, 폼페이우스 군사들은 이리저리 도망을 쳤다.

"도망가지 마라. 여기 폼페이우스의 기마병이 있다!"

폼페이우스 군대가 자랑하는 7천 명의 기마병이 당당하게 앞으로 나서며 카이사르 군대를 향해 호령했다.

'드디어 나타났군.'

벌써 카이사르는 적의 기마 부대에 대해 계획을 세워두고, 자신의 부하들에게 그들을 이길 방도를 가르쳐 주었다.

"폼페이우스의 기마병들은 훈련이 잘 된 씩씩한 군사들인 것은 사실이지만, 한 가지 약점이 있다."

"뭡니까?"

"도시에서 자란 저들은 무척 거만하고 사치스럽다는 것이다."

카이사르의 말인즉, 폼페이우스 기마병들은 얼굴에 무척 신경을 쓰고 있기 때문에, 그들이 가까이 오기를 기다렸다가 얼굴을 집중 공격하면 문제 없다는 것이다.

싸움이 시작되자 카이사르의 군사들은 적들의 얼굴을 향해 집중 공격을 했다. 카이사르의 예상대로 폼페이우스의 군사들은, 얼굴에 흠이라도 생길까 봐 창 한 번 제대로 겨누어 보지 않고 도망치기에 바빴다.

"아니, 저게 어찌 된 일이냐?"

기마병들이 어쩔 줄 모르고 도망가는 꼴을 멍하니 바라보고 있던 폼페이우스는, 기가 막힐 지경이었다.

"어서 피하십시오. 벌써 적들이 우리 편 깊숙이 들어왔습니다."

"그럴 리가……."

문득 정신을 차린 폼페이우스는 더 이상 머뭇거릴 틈이 없었다. 서둘러 일반 병사의 옷으로 갈아입고 싸움터를 빠져 나갔다. 전투가 끝난 뒤 둘러보니, 폼페이우스의 병사들은 대부분 큰 부상이었다.

"폼페이우스가 고집을 꺾고 내게 항복해 왔더라면, 이런 처참한 일은 일어나지 않았을 텐데. 자, 저들을 돌봐 주고, 우리 편으로 오고자 하는 자들은 기꺼이 받아 주어라."

이번에도 카이사르는 포로들을 너그럽게 대해 주었다. 폼페이우스의 장군들에게도 벌을 내리지 않고, 그대로 로마로 돌려보냈다.

이번 전투에서 병사의 옷으로 갈아입고 도망친 폼페이우스는, 이집트로 몸을 숨겼다.

'이집트는 나를 거절하지 못하겠지. 지난번 아프리카의 총독으로 있을 때, 이집트에 도움을 준 적이 있으니 말이야.'

폼페이우스는 즉시 사람을 이집트 왕궁으로 보냈다.

"어찌 됐느냐?"

"이집트 왕은 이미 돌아가셨습니다."

"뭐라고?"

폼페이우스가 도움을 주었던 이집트 왕은 이미 세상을 떠났고, 공주 클레오파트라와 남동생인 프톨레마이오스가 두 파로 나뉘어 세력 다툼을 하고 있었다.

'그렇다면 어느 쪽을 내 편으로 끌어들이는 게 좋을까? 그래, 아무래도 여왕 쪽보다는 프톨레마이오스 편이 낫겠군.'

그는 이집트의 힘을 빌려, 카이사르에게 다시 대항할 준비를 하려고 마음먹었다. 곧 사람을 보내 자신의 뜻을 전하도록 했다. 소식을 전해 들은 이집트 궁전에서는 놀라움을 금치 못하고, 서둘러 신하들을 불러 모았다.

"자, 이 일을 어떻게 하면 좋겠소?"

"참으로 어려운 문제입니다. 만약 폼페이우스의 말대로 그를 도와준다면, 로마의 최고 권력자인 카이사르를 배반하게 되는 꼴입니다. 이 사실을 알고 카이사르가 우리 이집트를 그냥 놔두지 않을 것이오."

"폼페이우스는 우리 이집트에 도움을 준 것을 기억하고 있을 터인데, 우리가 단번에 그의 부탁을 거절한다면 보복을 해 올 것이 틀림없소."

이집트 신하들의 의견은 여러 가지로 갈라져 시간만 흘러갔다.

"이제 어느 쪽이든 결단을 내려야 할 때입니다."

여러 신하들 중에 한 사람이 벌떡 일어서자, 모두들 그를 바라보았다.

"제 생각은 카이사르를 배반하지 않는 게 좋을 듯싶소. 왜냐하면, 폼페이우스는 도망자 신세로 별 가치가 없는 사람이기 때문이오."

여러 신하들은 고개를 끄덕여 찬성의 표시를 했다. 이집트에서는 곧 폼페이우스에게 승낙을 하는 것처럼 꾸며 병사들을 보냈다.

"실수가 없도록 하시오. 만약 폼페이우스 암살 계획이 알려지는 날엔, 이집트는 곤란한 지경에 처할 테니까."

결국 명령을 받은 이집트 암살자들에 의해 폼페이우스는 처참하게 죽고 말았다. 이런 일이 있는 줄은 꿈에도 몰랐던 카이사르는, 곧 폼페이우스의 뒤를 쫓아 이집트 알렉산드리아에 이르렀다.

"이집트 왕궁으로 들어가라!"

군사들이 곧 이집트 왕궁으로 몰려들었다. 이 때 그들의 발 앞을 가로막은 것은 다름 아닌 폼페이우스의 시체였다.

"이런!"

카이사르는 뜻밖의 일에 놀라서 잠시 발을 멈추었다. 폼페이우스를 잡기 위해 이 곳까지 왔지만, 그의 죽음을 본 순간 허탈감이 느껴졌다.

'영웅의 일생이란 참으로 쓸쓸하구나.'

잠시 후, 그는 부하들을 돌아보며 지시를 내렸다.

"폼페이우스를 위해 알렉산드리아에 기념비를 세워 주도록 하라."

카이사르는 폼페이우스가 죽은 뒤, 얼마 동안 이집트에 머물렀다. 하루는 그가 정원에 나가 주위를 둘러보고 있을 때였다.

"참 아름다운 곳이군."

그 때 아름다운 꽃들 사이로 한 여인이 서 있는 것이 눈에 띄었다.

'대단히 아름다운 여인인데, 누굴까?'

이름 모를 여인은 어느 새 카이사르 곁으로 다가와 인사를 올렸다.

"로마의 위대한 영웅 카이사르님을 뵙게 되어 영광입니다."

"그대의 이름을 알고 싶소."

"전 이집트의 공주 클레오파트라입니다."

이집트의 공주라고 자신을 소개한 클레오파트라는, 아름다운 모습만큼이나 당차 보였다. 카이사르는 이런 클레오파트라에게 첫눈에 마음을 빼앗겼다.

이 즈음 이집트는 왕자 프톨레마이오스와 공주 클레오파트라가 서로 왕권을 차지하기 위해 싸우고 있었다. 그래서 클레오파트라는 일부러 카이사르에게 접근하여 자기 편을 만들었던 것이다. 이집트의 왕자 프톨레마이오스는 이 사실을 알고, 자신들의 신하들을 불러모아 대책을 의논했다.

"로마의 독재관 카이사르는 누님에게 마음이 빼앗겨 있소. 이집트 왕

의 자리를 탐내는 누님을 도와줄 게 뻔하니, 어떻게 하면 좋겠소?"

"방법은 한 가지입니다."

"어서 말해 보시오."

"카이사르가 이 곳에 머물고 있는 동안 그를 없애 버려야 합니다."

"좋소. 그렇게 합시다."

사실 카이사르가 데리고 온 군대는 수백 명에 불과할 정도로 적은 숫자였다. 그에 비해 이집트 왕자가 이끄는 군사는 대군이었다. 여러 차례의 전투가 계속되는 동안, 카이사르의 군대는 점점 지쳐 갔다. 카이사르 역시 몇 번의 죽을 고비를 넘겼을 정도였다. 늘 전투에 앞장섰던 카이사르는, 깊은 바다에 빠져서 헤엄쳐 나오기를 여러 번이나 했다.

"왜 이렇게 지원군이 더디게 오는 거야?"

"조금 더 기다려야 할 것 같습니다."

더 이상 버틸 힘이 없어졌을 때, 드디어 지원군이 이집트 왕궁에 도착했다는 기별이 왔다. 마침내 나일 강에서 프톨레마이오스 왕자의 군대와 카이사르의 군대가 정면으로 맞붙는 치열한 전투가 시작되었다.

"공격하라!"

전투를 알리는 나팔 소리가 울리자, 양쪽 군대는 죽을 힘을 다해 전투를 했다. 결과는 카이사르 군대의 승리였다. 이 싸움에서 프톨레마이오스 왕자와 그의 많은 부하들은 목숨을 잃고 말았다.

"자, 이제 이집트의 왕은 당신이오."

"오, 카이사르!"

클레오파트라는 기쁨에 겨워 눈물을 흘렸다. 카이사르는 이번 전쟁의 여세를 몰아, 곧 소아시아 지방 일대까지 행군을 했다. 카이사르의 군사가 지나가는 곳마다 그들의 승전 소식은 이어졌다.

"비니, 비디, 비시(왔노라, 보았노라, 이겼노라)!"

카이사르는 로마에 전투 소식을 단 세 마디로 적어 보냈다. 그리고 그는 전쟁을 끝낸 후, 로마로 돌아갔다. 로마 시민들은 기쁨에 겨워 환호성을 질러 댔고, 전쟁에서 이긴 공으로 그는 두 번째 독재관에 임명되었다.

"아직 할 일이 남았다."

아직 폼페이우스의 부하들이 아프리카에서 군사들을 모아, 그에게 대항할 준비를 하고 있었기 때문이었다.

"반란의 주동자들은 누구냐?"

"스키피오와 카토입니다."

"죽는 것이 소원이라면 내가 상대해 주지."

아프리카로 다시 군대를 몰고 나선 카이사르는 어려움을 많이 겪었다. 힘든 싸움이었지만 결국 반란군의 소동을 평정할 수 있었다. 이제 남은 것은 폼페이우스의 두 아들뿐이었다. 이번 역시 결사적인 저항으로 힘든 싸움을 끝낸 카이사르는, 한숨을 몰아쉬며 혼잣말로 중얼거렸다.

"이번 전투야말로 내 목숨을 지키기 위해 싸웠다."

이리하여 완전히 전투를 끝낸 카이사르는, 지친 몸을 이끌고 로마로 향했다. 이제 로마 제국은 그의 덕택으로 유럽, 아시아, 아프리카에 이르는 거대한 나라가 되었다.

"우리 원로원에서는 당신이 평생 독재관을 할 수 있도록 결정했소."

"고맙소."

그 외에도 카이사르의 전쟁의 공적을 기리기 위해 거리마다 그의 동상을 세웠으며, 화폐에도 그의 얼굴을 새겨 넣었다.

'로마를 이대로 놔두어서는 안 되겠어.'

그는 예전부터 계획해 왔던 일을 하나씩 실천해 나갔다. 우선 점령한 식민지를 관리하기 위해 관리들과 군사들을 보냈다. 그리고 일을 하지 않고 노는 사람들에겐 법률의 혜택을 받지 못하도록 만들었다.

"지금까지 쓰던 달력은 없애고 태양력을 쓰도록 하라."

그리고 로마 시민의 권리를 점령지에까지 확대해 나갔다. 작은 도시 국가의 하나였던 로마가 세계를 지배하면서, 카이사르는 새로운 정치를 시작했다. 불필요한 법을 바꾸어 새로운 질서를 세우고, 새로운 정치에 알맞은 광장과 의사당도 만들었다.

"로마는 시민들이 이끌어 가는 나라이긴 하지만, 귀족들에게도 항상 기회의 문은 열려 있다."

그의 말처럼 똑똑하고 능력 있는 사람이면, 신분에 상관없이 높은 지위와 신분을 보장해 주었다. 어느 날, 병사들과 로마 시내를 돌아보던 카이사르가 발길을 멈추었다.

"저기 쓰러진 동상은 누구의 것이냐?"

"알아보고 오겠습니다."

잠시 후, 숨을 헐떡이며 병사가 말했다.

"폼페이우스의 동상입니다."

"그래? 일부러 쓰러뜨려 놓은 것인지는 알 수 없지만, 자네들이 가서 일으켜 세워 주도록 하게."

"옛? 폼페이우스의 동상을 세우라구요?"

깜짝 놀란 로마 병사를 뒤로 한 채, 카이사르는 그 곳을 떠났다. 이 일은 곧 시민들 사이에 알려져 좋은 화젯거리가 되기도 했다.

"카이사르님은 대단한 사람이야."

"맞아, 전투에서는 물불을 가리지 않고 싸우지만, 전쟁이 끝난 다음 엔 저렇게 너그럽게 적들을 대해 주시니 말이야."

"얼마 전엔 폼페이우스의 쓰러진 동상도 일으켜 세웠다는군."

로마를 다스리는 데에도 뛰어난 솜씨를 발휘하고 있는 카이사르를, 로마 시민들은 마치 신처럼 여겼다. 그러나 시간이 흐를수록 카이사르의 가슴속엔 또다른 욕망이 자리잡고 있었다.

'로마의 황제 카이사르…….'

입 밖으론 말하지 않았지만, 그가 원하는 자리는 로마의 황제였다. 사람의 만족이란 끝이 없는 것인지, 카이사르는 황제의 왕관이 탐이 났다. 하지만 로마 공화국에선 황제란 자리는 있을 수 없었다. 자유와 평등을 목숨처럼 여기고 있는 로마 시민에겐 어림도 없는 일이었다.

그러던 어느 날, 카이사르가 알바 산에서 공적인 일을 마치고 내려오는 길이었다. 카이사르의 모습을 보기 위해 무리지어 있던 시민들 사이에서 난데없는 소리가 들려왔다.

"황제 폐하 만세!"

그는 마음속으로 적잖이 놀라고 말았다.

'어떻게 내 마음을 눈치챘을까?'

그러자 구경을 하고 있던 시민들이 수군대며 불평했다.

"무슨 소리야? 황제라니?"

"누가 저런 허튼소리를 한단 말이야?"

"공화국인 로마에 황제란 있을 수 없어."

카이사르는 순간 정신이 번쩍 들었다. 그는 서둘러 이 상황을 정리해야 했다.

"난 단지 카이사르일 뿐이오!"

그의 말이 끝나자 시민들은 손을 흔들며 환호성을 질렀다.

"역시 우리의 영웅이다!"

"카이사르 만세!"

카이사르는 열광하는 시민들에게 가볍게 고개를 숙인 뒤, 뒤돌아 섰다. 이런 일이 있은 후에, 그의 마음을 짐작한 몇몇 관리들이 그에게 왕관을 바치는 일이 생겼다. 한번은 안토니우스가 왕관을 조심스럽게 카이사르에게 바쳤다.

"부디 이 왕관을 받아 주십시오."

"받아 주십시오."

뒤이어 카이사르를 따르는 사람들이 입을 모아 외쳤다. 그러나 모든 시민들이 그걸 원하는 것이 아니라는 것을 깨달은 카이사르는, 손을 내저어 거절했다.

"이 왕관을 써야 할 사람은 오직 신뿐이다."

안토니우스는 왕관을 다시 거두어 물러나야 했다. 광장에 모인 시민들은 그제야 카이사르를 향해 박수를 쳤다.

'역시 로마 시민들은 내가 황제가 되는 것을 바라지 않는구나.'

며칠 뒤, 로마 사람들은 몇몇씩 몰려들어 수군댔다.

"아니, 그 곳도 마찬가지인가?"

"그렇다네. 내가 사는 곳에 세워진 카이사르님의 동상에도 왕관이 씌워져 있어."

"그럼 누가 일부러 사람이 없는 틈을 타서 카이사르님의 동상에 장난을 친 게로군."

그들은 이 사실을 즉각 호민관에게 알렸다.

"곧 동상에서 왕관을 벗기도록 하겠소. 그리고 앞으로 카이사르님을 향해 황제가 되어야 한다는 말을 꺼내는 자에게는 엄한 벌을 내리겠소."

눈치 없는 이 호민관은 카이사르의 속마음을 모르고, 그가 황제임을 사양하는 말을 곧이곧대로 믿었던 것이다.

"저 호민관은 정말 정직하고 바른 사람이야."

"우리 로마에는 저와 같은 사람이 필요해."

"마치 브루투스를 보고 있는 것 같아."

시민들은 그 호민관을 가리켜 칭찬의 말을 쏟아 냈다. 이 당시 브루투스는 진정한 자유와 평등을 외치며, 시민들로부터 점점 인기를 얻고 있었다. 카이사르는 호민관이 처리한 일을 전해 듣고는 화를 내며 명령을 내렸다.

"그 호민관은 자기 마음대로 일을 처리하는군. 당장 관직에서 쫓아 내도록!"

그럴 듯한 이유였지만, 카이사르가 얼마나 황제가 되고 싶어했는지 알 수 있었다.

황제가 되려는 꿈에 사로잡혀 카이사르가 우울한 나날을 보내고 있을 때, 한쪽에서는 비밀 음모가 진행되고 있었다. 카시우스라는 사람을 중심으로, 카이사르를 없애려는 음모를 꾸미고 있었던 것이다. 카시우스는 원래 폼페이우스의 부하였지만 카이사르의 배려로 살아남은 자였다.

'흠, 내 힘만으론 부족해. 시민들의 존경을 받고 있는 브루투스를 우리 편으로 끌어들여야 해.'

브루투스 역시 폼페이우스의 부하였으나, 카이사르 편으로 건너와 그의 신임을 돈독히 받고 있는 인물이었다.

어느 날, 브루투스를 찾아간 카시우스는 자신의 속마음을 털어놓았다.

"브루투스, 부탁이 있어서 이렇게 자네를 찾아왔네."

"부탁이라니?"

"내 편이 되어 나를 좀 도와주게. 아니, 이 일은 나뿐만이 아니라 로마 시민 모두가 원하는 일일세."

심상치 않은 카시우스 표정에 브루투스는 긴장했다.

"도대체 무슨 일인데 그러나?"

"자네도 들은 적이 있을 걸세. 카이사르가 황제가 되려고 한다는 소문 말이야. 자네도 로마의 역사를 다시 후퇴시키고 싶진 않겠지. 우리가 앞장서서 카이사르를 없애 버리지 않는다면, 로마 시민들이 그의 노예가 되는 것은 시간 문제야."

순간 브루투스는 얼굴을 찡그리며 손을 내저었다.

"자네 이야기는 안 들은 걸로 할 테니 그만 돌아가 주게."

"알겠네. 오늘은 이만 돌아가지만 부디 잘 생각해 보게."

카시우스가 돌아간 뒤 혼자 남게 된 브루투스는 몹시 괴로웠다.

'카이사르가 나를 믿고 잘 대우해 주었는데, 어떻게 그를 배신할 수 있단 말인가? 하지만 카시우스의 말도 빈말은 아닌 듯한데…….'

며칠 뒤 다시 찾아온 카시우스는 간절히 브루투스에게 애원했다.

"이번이 마지막일세. 자네만 나서 준다면, 많은 사람들이 우리 계획에 찬성할 걸세."

"내게 조금만 시간을 주게."

브루투스의 마음은 조금씩 카시우스 쪽으로 기울기 시작했다.

'그래, 로마 시민과 공화국을 지키기 위해서라면 개인적인 감정은 버려야 해.'

드디어 결심을 굳힌 브루투스를 비롯해 많은 사람들이 암살 계획에 참여하게 되었다. 이 일은 알게 모르게 사람들의 입을 통해, 어느 새 카이사르의 귀에까지 전해졌다.

"조심하십시오. 앞으론 늘 호위병을 곁에 두십시오."

"이 카이사르가 그까짓 소문에 벌벌 떨며 겁낼 것 같은가? 궁색하게 목숨을 유지하느니 차라리 깨끗이 죽는 게 낫다."

그 사이에 카이사르가 바라던 소식이 들려왔다.

"점령지 국가들이 카이사르님을 황제로 떠받들겠다는 결의를 했다고 합니다."

"그래?"

카이사르는 시큰둥하게 대답했으나, 마음속으로는 굉장히 기뻤다.

'로마를 제외하고는 나를 황제로 받들겠단 말이지? 그럼, 로마에서 황제가 되는 것도 시간 문제겠지.'

이 일은 원로원 회의에서 3월 15일에 정식으로 발표를 하기로 정했다. 드디어 내일이면 카이사르가 정식으로 점령지의 황제가 되는 날이었다.

밤새 뒤척이며 잠을 이루지 못한 카이사르는 아침 일찍 잠에서 깼다. 그 때, 그의 아내 카르푸니아가 눈이 퉁퉁 부어서 들어왔다.

"아니, 얼굴이 왜 그렇게 부었소?"

"어젯밤에 꾼 꿈 때문입니다."

"무슨 꿈을 꾸었길래 그렇게 울었소?"

카르푸니아는 몸에 피를 흘리고 있는 카이사르를 부둥켜안고 슬피 우는 꿈을 꾸었는데, 마치 현실로 착각이 될 정도였다고 했다.

"아마 당신 몸이 몹시 허약해져서 그런 꿈을 꾼 것일 게요."

"불길한 예감이 듭니다. 제발 오늘만은 외출을 하지 마세요."

아내 카르푸니아는 무릎을 꿇고 애원했다. 카이사르는 잠시 마음이 흔들렸다.

"밖에 아르비누스가 찾아와 기다리고 계십니다."

"잠시 기다리라고 해라."

이른 아침에 찾아온 아르비누스는 카시우스와 같은 편이었다. 아르비누스가 맡은 임무는 카이사르를 무사히, 암살 장소로 잡고 있는 회의장으로 데려가는 것이었다. 기다리고 있던 아르비누스를 만나려고 카이사르가 나타났다.

"마침 잘 왔네. 어제 나쁜 꿈을 꾸어서 기분이 좋지 않으니, 회의는 다음으로 미루세."

"무슨 말씀이십니까? 황제가 되시려는 마당에, 그까짓 꿈 때문에 회의를 미루시다니요?"

아르비누스는 순간 가슴이 철렁했다. 그러나 태연한 표정을 지으며 아무렇지도 않게 재촉했다.

"자네 말을 듣고 보니, 내가 너무 긴장하고 있었던 것 같군. 하하하, 황제 카이사르가 한낱 꿈 때문에 외출을 못한다니 말이야."

출발 준비를 마친 카이사르는, 원로원들이 기다리고 있는 회의장으로 향했다. 그 곳으로 향하는 길엔 시민들이 몰려나와 환호를 하고 있었다. 그 때, 시민들 사이를 헤치고 한 늙은 노인이 종이 쪽지 한 장을 카이사르에게 내밀었다.

"꼭 읽어 보세요!"

간절한 말투로 소중히 전해 준 쪽지였지만, 사람들 틈에 섞여 회의장으로 가는 카이사르는 정신이 없었다. 카이사르의 뒤에 바짝 붙어 그를 경호하며 따라가고 있던 안토니우스를 잡아당기는 손길이 있었다.

"안토니우스! 잠깐 할 이야기가 있네."

이 또한 암살자들의 계획된 일이었다. 충실한 부하 안토니우스를 카이사르 곁에서 떼어 놓기 위한 방법이었다. 얼마 후 회의장 계단을 올라간 카이사르가 자리에 앉자, 한 시민이 걸어 들어와 자신의 처지를 하소연하기 시작했다.

"로마의 황제여! 제발 제 형님의 죄를 용서해 주십시오."

소리 내어 울면서 신세 한탄을 늘어놓은 순간, 암살범들이 눈치채지 않도록 카이사르 곁을 둘러쌌다. 그 순간 울부짖던 사나이가 카이사르의 발 밑에 꿇어앉아 카이사르의 옷깃을 살짝 끌어당겼다. 이것은 카이사르를 죽이라는 신호였다. 그의 뒤쪽에 서 있던 암살범 중 한 명이 카이사르의 목에 칼을 꽂았다.

"에잇!"

그러나 암살범이 찌른 칼은 옆으로 빗나가면서 카이사르의 목 언저리를 건드렸을 뿐이었다. 너무 긴장한 탓에 그만 실수를 하고 만 것이었다.

"지금 무슨 짓을 하는 게냐!"

"한꺼번에 덤벼라!"

놀란 카이사르가 소리를 지르자, 암살범들은 동시에 그를 향해 칼을 겨누었다. 상황이 매우 위급함을 깨달은 카이사르는, 쏟아져 내리는 칼을 피하기 위해 몸을 돌렸다.

'아, 내 운명도 이제 끝나려나 보군.'

더 이상 그들의 칼을 피할 수가 없다는 것을 깨달은 카이사르는 절망했다. 그 때, 그의 눈에 띄는 사람이 있었다.

'저 사람은 내가 그토록 아끼던 브루투스가 아닌가?'

갑자기 온몸에 힘이 쭉 빠져 나가는 느낌이었다. 점점 브루투스가 그의 앞으로 가까이 다가왔다.

"오, 브루투스 너마저⋯⋯."

이 말을 남긴 채 카이사르는 걸치고 있던 망토로 얼굴을 가린 뒤, 아무런 반항도 하지 않았다. 브루투스는 그런 카이사르를 향해 정의의 칼날을 꽂았다.

"윽!"

결국 로마의 영웅 카이사르는 부하들에 의해 비참한 죽음을 맞이하고 말았다.

브루투스

"나도 이 다음에 루키우스 브루투스처럼 될 거야."

어린 소년 브루투스는 자랑스런 조상인 루키우스 브루투스의 동상을 바라보면서 이렇게 중얼거렸다. 루키우스 브루투스는 고대 로마의 폭군으로 유명한 다킨 황제를 목숨을 걸고 내몰고, 로마인의 자유를 위해 싸운 분이었다.

'저분은 늘 자신이 옳다고 믿는 일은 끝까지 해내신 분이라고 들었어. 로마 공화국의 시초를 마련한 참으로 위대한 분이지.'

소년 브루투스는 하루에도 몇 번씩 이 의사당 앞을 지나가면서, 루키우스의 동상을 존경어린 눈으로 바라보곤 했다. 어린 시절 브루투스는 위대한 조상을 닮기 위해 학문에 힘썼다. 늘 책을 읽으면서 그대로 실천하고자 노력했다. 어느덧 세월이 흘러 훌륭한 청년으로 자라난 브루투스 앞에 시련이 닥쳐왔다.

"도련님! 큰일났습니다."

"잠시 숨을 돌리고 이야기하게."

"주인님께서 숨을 거두셨습니다."

"뭐?"

브루투스는 아버지의 죽음에 그만 그 자리에 털썩 주저앉고 말았다. 이 즈음 폼페이우스와 카이사르 사이에는 다툼이 한창이었다. 운이 없게도 브루투스의 아버지는 이 싸움에 휘말려서, 폼페이우스에게 아까운 목숨을 잃었다.

브루투스는 이런 일 때문에 폼페이우스를 늘 좋지 않게 여겼다. 혹시

길을 가다 마주치는 일이 있더라도 인사를 하는 적이 없었다.

"브루투스는 당연히 카이사르의 편이 되겠군."

"당연하지. 지금도 폼페이우스를 원수처럼 여기고 있질 않나."

그러나 로마 시민들의 추측은 빗나가고 말았다. 바야흐로 두 영웅 간에 싸움이 시작되자, 브루투스는 아무런 갈등도 하지 않고 폼페이우스의 편에 섰다.

"브루투스, 자네 혹시 잘못 생각한 것은 아닌가?"

"하하하, 내가 카이사르의 편이 아니라 폼페이우스의 편에 참여했기 때문에 그런가? 예전에 폼페이우스를 만나도 인사를 나누지 않았던 것은 내 개인적인 일이었소. 하지만 로마의 시민으로서, 황제가 되려고 마음먹은 자는 절대 지지할 수 없소. 그래서 내가 선택한 사람이 폼페이우스란 말이오."

이 소식은 곧 폼페이우스에게 알려졌다.

"흠, 젊은 사람이 정말 대단하군. 로마 시민의 인기를 한몸에 받고 있는 사람이 내게로 와 준다니 나는 더 바랄 게 없다."

브루투스가 그의 말대로 폼페이우스를 찾아가자, 열렬한 환영을 받았다.

"직접 이렇게 찾아와 주니 정말 고맙소. 나와 함께 로마를 위해 일해 봅시다!"

"이렇게 반가이 맞아 주시니 영광입니다."

폼페이우스의 군대에 들어간 브루투스는 싸움하는 것을 별로 좋아하지 않았다. 그의 손에서는 늘 책이 떠날 줄을 몰랐다. 함께 지내던 병사들이 그를 비웃는 소리가 들려와도, 무시한 채 줄곧 책을 읽곤 했다.

"내일이 드디어 결전의 날이로군. 그런데 브루투스는 걱정도 되지 않나 봐."

"그러게. 저렇게 태연히 앉아 책만 들여다보고 있으니."

카이사르와의 전투에서 폼페이우스는 크게 지고 말았다. 몸을 피해 달아나던 브루투스는, 결국 카이사르의 포로가 되었다. 전투가 시작되기 전에 카이사르는 부하들에게 특별히 한 가지를 지시했다.

"전투 도중이라도 브루투스를 절대 죽여서는 안 된다. 포로가 되면 내 앞으로 데려올 것이며, 그렇지 않을 경우에는 그냥 달아나게 내버려 두어라."

전투가 끝나자, 브루투스는 카이사르 앞으로 불려 나왔다.

"오, 자네가 브루투스인가?"

"그렇소."

이렇게 시작된 그들의 만남은, 마치 부모 자식 같은 사이가 될 정도로 가까웠다. 카이사르는 비록 적이라 할지라도 뛰어난 인재를 보면 예의를 갖추어 대해 주었다. 게다가 한번 마음을 준 사람들은 무조건 믿었다.

브루투스는 그와는 대조적으로 개인적인 감정보다는 위인들의 사상이나 신념을 훨씬 중요시했다.

"사람들의 정에 이끌리는 사람은 결코 큰 인물이 될 수 없다. 왜냐하면, 사사로운 감정에 가려서 큰 뜻을 볼 수 없기 때문이다. 이를 경계하기 위해서는, 부지런히 책을 읽어 수양을 쌓아야 한다."

카이사르는 친구에게 브루투스를 이렇게 평했다.

"내가 저 사람을 아끼는 이유는 늘 한결같기 때문이다. 내 말 한 마디에 이리저리 흔들리는 사람이 아니라, 자신의 주관을 뚜렷이 내세워 끊임없이 나아가는 사람 중의 한 사람이 바로 브루투스다."

브루투스와 어린 시절부터 절친한 친구였던 사람으로 카시우스가 있었다. 나중에 청년이 되어서는 함께 정치가의 길을 걷기도 했던 카시우스는, 브루투스의 누이와 결혼을 한 사이로 브루투스의 처남이기도 했다.

그들에게 드디어 경쟁자의 길을 가게 한 사건이 일어났다. 로마 시민의 재판을 담당하는 재판장 후보에 두 사람이 올라와 있었다.

'당연히 내가 재판장이 되겠지. 브루투스보다 내가 정치 쪽에 발을 들여놓은 지도 더 오래됐고, 사람들을 다루어 본 경험도 풍부하니까 말이야.'

은근히 기대를 하고 있던 카시우스에게 의외의 소식이 들려왔다.

"이번 재판장엔 브루투스가 뽑혔네."

"그게 정말인가?"

"카이사르님이 내린 결정이라네. 그 동안 정치 쪽에 발을 들여놓은 기간으로 치자면 당연히 자네가 그 일을 맡아야 할 것이지만, 인격으로 따지면 브루투스 쪽이 훨씬 낫다면서 말이야."

"그럴 수가……."

결국 카이사르의 명령대로 브루투스는 로마 시민의 재판장으로, 카시우스는 외국인들의 재판장으로 임명되었다.

'체, 내 체면이 이게 뭐람? 시민권이 없는 노예들 따위나 돌보고 있으란 말인가? 이건 분명히 편견이야.'

그 때부터 카시우스는 남몰래 카이사르를 증오하고 있었다. 브루투스 역시 자기의 경쟁 상대로 늘 시기하는 마음을 가졌다.

카시우스는 어린 시절부터 늘 반항심이 강했다. 같은 반 친구 중에 귀족파의 우두머리인 술라의 아들 파우스투스가 있었다.

"우리 아버지를 모르는 사람은 없지. 내 말 한 마디면, 로마의 제일 가는 장군인 우리 아버지도 꼼짝 못해서. 그러니 너희들도 내가 시키는 대로 하지 않으면, 가만두지 않을 테니 알아서 해."

파우스투스는 독재자인 아버지 술라의 힘을 믿고 친구들을 괴롭혔다. 그러나 아이들은 꼼짝도 하지 못하고 파우스투스의 말을 들었다.

"지금 네 아버지의 자랑을 하는 거니? 내가 알기론 네 아버지는 로마를 악의 구렁텅이로 몰아넣은 악마라고 하던데. 어디 덤벼 봐!"

카시우스는 반 친구들 앞에서 파우스투스를 당당히 꾸짖은 후, 냅다 달려가 그의 얼굴을 주먹으로 날렸다. 결국 선생님에게 호되게 야단을 맞는 것으로 끝이 났지만, 그 뒤로 파우스투스는 카시우스를 보면 피해 다니곤 했다.

어린 시절부터 불의를 보면 참지 못하는 성질이었지만, 한편으론 너무 성미가 급해 친구들에게 인기를 끌지 못했다. 그는 장교가 되어 싸움터에서 많은 공을 세우기도 했다. 그 뒤 정치가의 길로 들어선 카시우스는 카이사르의 정책에 늘 불만을 품고 있었다.

'카이사르의 욕망은 분명 독재관의 자리로 끝나지 않을 거야. 그가 원하는 것은 로마 공화국이 아닌 제국의 황제가 되려는 게 틀림없어.'

늘 카이사르를 없앨 기회를 엿보고 있던 그는, 로마 시민들의 사랑을 받고 있는 브루투스를 이용하기로 작정한 뒤, 그에게 접근했다. 시민들에게 별로 인기가 없는 자신보다는 브루투스가 훨씬 나을 거라는 생각 때문이었다.

'하지만 브루투스는 카이사르의 대단한 신임을 받고 있기 때문에, 섣불리 나와 손을 잡으려 하지 않을 거야. 우선 내 주변에 있는 사람을 먼저 모아야겠다.'

카시우스는 전부터 잘 알고 있던 사람들을 찾아가서, 자신의 뜻을 전했다.

"카이사르는 황제가 되려고 하고 있소. 로마를 자신의 손아귀에 넣으려는 음모를 꾸미고 있으니, 우리가 이를 막아야 하오."

"그건 우리도 알고 있는 일이오. 하지만 섣불리 행동했다간 로마 시민들의 원망을 들을지도 모르오."

"정의를 위해 싸운다는데 누가 우리를 비난한단 말이오?"

"모르는 소리요. 비록 카이사르가 황제의 자리를 넘보고 있다고는 하지만, 그는 로마 시민의 영웅이오."

"그럼, 카이사르가 하는 짓을 이대로 놔둔다는 겁니까?"

문제를 의논하고 있던 사람들 중에, 카시우스의 친구 한 명이 한 가지 방법을 제시했다.

"로마 시민들의 존경을 받고 있는 사람을 앞에 내세워 일을 꾸며야 하네. 내 생각으로는 브루투스가 가장 적합하다고 생각하네."

"나도 이미 그렇게 생각하고 있지만 브루투스는 카이사르의 신임을 받고 있는 터라, 섣불리 우리의 말에 귀를 기울이지 않을 텐데."

"두 사람의 사이를 갈라 놓기만 하면 되는데."

카시우스는 곧 이 일을 실행에 옮기기로 마음먹었다. 우선 카이사르의 주변에 있는 사람에게 돈을 집어 주고 일을 시켰다.

"내 말 잘 알아들었지?"

"그러니까 카이사르님께 조금 전에 하신 말만 은근히 전해 주면 되는 거 아닙니까?"

"맞아."

"일이 끝난 뒤에 약속하신 돈은 틀림없이 주셔야 합니다."

"걱정 말고 시키는 대로 잘하게."

카시우스의 은밀한 부탁을 받은 카이사르의 시종은 서둘러 궁 안으로 들어갔다. 시종은 카이사르 곁으로 슬쩍 다가가 몇 마디 했다.

"요즘 이상한 소문이 들리니 몸을 조심하셔야 합니다."

"소문이라니?"

"브루투스가 카이사르님을 없애고, 자신이 그 자리에 앉으려고 일을 꾸민다고 합니다."

"하하하!"

카이사르는 시종의 말을 듣고 아무 일도 아니라는 듯이 웃어넘겼다.

"브루투스라면 당연히 내 뒤를 이을 훌륭한 사람이야. 어차피 이 자리에 오를 텐데, 그 동안을 참지 못할 사람이 아니야."

"하지만……."

시종의 속삭임에도 불구하고 카이사르는 더 이상 그의 말을 들으려고 하지 않았다. 이 일을 전해 들은 카시우스는 다음 계획을 세웠다.

'카이사르는 한번 사람을 믿기 시작하면, 주변에서 뭐라고 떠들어 대든지 흔들림이 없다고 하더니 사실이로군. 그렇다면 이번에는 브루투

스에게 가서 슬쩍 마음을 떠보아야겠군.'

카시우스는 뜻을 같이한 몇 사람과 함께 브루투스를 찾아갔다.

"아니, 어쩐 일이오?"

"여기 함께 온 사람들은 모두 함께 행동하기로 한 사람들이오. 자네에게도 우리와 함께 할 뜻이 있는지 알아보러 온 것이오."

"어떤 뜻을 같이하려고 모였는가?"

"그 전에 먼저 말해 둘 것이 있네. 자네는 카이사르에게 속고 있어. 겉으로는 마치 자네를 친아들 대하듯이 잘해 주지만, 본심은 그게 아닐세."

뜻밖의 말에 브루투스는 어리둥절했다.

"잘 듣게. 카이사르는 로마의 민주주의를 위해 애쓰는 자네를 자신의 손에 묶어 두고, 꼼짝 못하게 하기 위해 자네를 이용하고 있어."

"설마, 그럴 리가? 자네가 잘못 알고 있는 거야."

"역시 자네의 현명한 두 눈이 빛을 잃어버렸군. 분명 카이사르는 로마의 황제가 되려고 한단 말일세. 그 증거로 요즘 로마 시내에 있는 카이사르의 동상에는 늘 왕관이 씌워져 있어. 없애 버려도 다음 날이면 다시 왕관이 나타나곤 하지. 또, 몇몇 사람들이 그가 나타나는 곳에서는 '황제 만세' 라고 늘상 외치고 다니지 않나."

브루투스 역시, 요사이 일어난 일을 전해 들은 적이 있었다. 그러나 그것은 로마 시민들의 지나친 흥분에서 비롯된 것으로 여겨왔다.

"그렇지 않아. 카이사르가 시민들의 반응을 알아보기 위해, 일부러 자신의 부하들을 시켜 한 짓일세."

잠시 후 카시우스 무리들이 돌아간 뒤, 브루투스는 울적한 마음에 의사당 앞에 있는 동상을 찾았다.

'어린 시절 나는 조상 루키우스 브루투스의 동상을 바라보며, 그를

닮아 위대한 정치가가 되겠다고 마음먹었지.'

동상 앞으로 가까이 다가가서 동상을 손으로 어루만지던 그는 깜짝 놀랐다.

"여기 그 동안 못 보던 글자가 씌어 있네. '루키우스 브루투스가 우리들 곁에 살아 있다면 로마의 민주주의는 영원할 것'이라고?"

시민들 중 누군가가 로마의 평화를 기원하며 써 놓은 듯했다.

'이것이 로마 시민들의 바람이란 말인가? 내가 그 동안 너무 무심했구나. 조상님의 동상을 뵐 자격이 없구나.'

다음 날 재판장의 일을 보기 위해 서둘러 갔다. 책상에 앉아 막 일을 시작하려는데, 못 보던 글이 눈에 띄었다.

'당신은 진정 로마의 자유와 평등을 위해 싸우는 브루투스인가?'

'브루투스! 긴 잠에서 깨어나 주변을 둘러보라.'

마치 양심을 바늘로 찌르는 듯한 글들이었다.

'아, 어쩌면 좋단 말인가? 카이사르가 그 동안 내게 베풀어 준 은혜를 생각한다면, 도저히 그를 배반하는 짓은 할 수가 없다. 그렇다고 로마가 공화국 이전의 시절로 돌아가는 것을 두고 볼 수도 없지 않은가? 게다가 로마 시민들은 내가 나서 주기를 이렇게 간절히 바라고 있는데.'

결국 브루투스는 카시우스 무리들의 결정을 받아들이기로 했다.

"3월 15일에 카이사르가 로마 이외의 나라에서 황제가 되는 것을, 원로원에서 결정한다고 하는데 함께 가 보도록 하세."

"별로 가고 싶지 않네."

"하지만 카이사르가 사람을 시켜 자네를 부르러 온다면 어떻게 할 생각인가?"

카시우스가 무슨 말을 묻는 것인지 알아차린 브루투스는, 이내 마음을 굳혔다.

"자네가 무슨 뜻으로 그렇게 묻는지 잘 알고 있네. 나는 이미 로마 시민의 자유와 평등을 위해 한 목숨 바칠 각오가 돼 있어. 브루투스 가문의 조상들이 로마의 민주주의를 위해 살아온 것처럼, 가문의 명예를 더럽히지 않을 거야."

"훌륭한 결정이야. 혹시 자네가 이번 일에 나서 주지 않는다면 어쩌나 하는 염려를 한 게 사실일세. 로마 시민들은 자네를 무척 사랑하고 있어. 부디 로마 시민들을 대신해서, 그들이 원하는 길을 열어 주세."

"물론이야."

브루투스가 카이사르의 암살 계획에 앞장서서 참석한다는 소식이 알려지자, 유능한 관리들이 앞을 다투어 그들의 계획에 참여했다.

이미 마음을 굳힌 브루투스였지만, 카이사르를 생각하면 마음이 편할 날이 없었다.

'아, 내 마음이 왜 이리 무거울까?'

겉으로는 로마를 위한 일이라지만, 브루투스에게도 개인적인 감정이란 어찌할 수 없었다. 늘 멍한 표정으로 법정에서 일을 보곤 했다. 그러다 집으로 돌아와 혼자 있는 시간이 되면, 더욱더 마음이 괴로웠다.

'포로가 된 나를 예의를 갖추어 구해 주고, 이 자리까지 마련해 주었는데. 게다가 늘 나를 믿어 주었는데, 어떻게 복수의 칼을 들이댈 수 있단 말인가?'

침대에 들어가 잠이 들면, 여지없이 무서운 꿈을 꾸었다. 꿈에서 깨어 일어나 보면 온몸이 땀에 흠뻑 젖을 정도였다.

브루투스의 괴로운 심정을 제일 먼저 눈치챈 사람은 바로 아내 포르키아였다. 그녀는 유명한 철학자인 카토의 딸이었다.

'이상해. 요즘 들어 남편이 무슨 큰 걱정거리가 있어 보여. 식사도 거의 하는 둥 마는 둥 하는데다가 하루가 다르게 몸이 말라가고 있어.'

포르키아는 섣불리 브루투스에게 궁금한 것을 물어보지 않았다.

'원래 여자의 입이란 새털처럼 가벼워서 비밀을 지키겠다고 해 놓고선 약속을 지키지 못하는 경우가 많아. 나 자신은 아직까지 큰 비밀을 간직해 본 적이 없어서, 그런 상황이 닥치면 어떨지 모르겠어. 요즘 남편이 겪고 있는 비밀을 잘 지켜 낼 수 있을 때까지 무슨 일이냐고 절대 물어보지 않겠어.'

브루투스가 식사를 할 때면 단지 걱정하는 말만 할 뿐이었다.

"조금 더 드세요."

"아니오, 나중에 먹겠소."

"몸이 무척 수척해지셨어요. 드시고 싶은 게 있으면 말씀하세요."

"없소. 그럼 다녀오리다."

남편 역시 아내에게 걱정을 끼치는 것이 싫어서, 아무런 말도 하지 않았다. 그러던 어느 날, 포르키아는 드디어 결심을 했다.

'저대로 남편을 놔두었다간 큰 병이 나겠어. 나 자신을 시험해 보고 그동안 무슨 일이 있었는지 알아봐야겠어.'

그녀는 미리 준비해 두었던 은장도를 선뜻 꺼내어, 자신의 넓적다리를 힘껏 찔렀다. 시뻘건 피가 뿜어져 나왔다. 몹시 고통스러웠지만 그녀는 소리 한 번 내지르지 않고 꾹 참았다. 심한 고통 속에서 참아 낼 수 있는지 스스로를 시험한 것이다.

날이 저물자 브루투스는 집으로 돌아왔다. 아내 포르키아는 남편 곁으로 다가가 조용히 말을 꺼냈다.

"우리는 결혼을 하면서, 기쁜 일과 슬픈 일을 함께 하기로 약속을 했어요. 기쁨을 나누면 배가 되고, 슬픔을 나누면 반이 된다고 합니다. 그런데 어째서 당신은 혼자서 힘든 일을 짊어지려고 하나요?"

"눈치채고 있었군."

"오늘에야 비로소 저는 비밀을 지킬 수 있는 여자라는 것을 확인했어요. 그러니 염려하지 마시고 제게 걱정거리를 말씀해 주세요."

포르키아는 말을 마치면서, 상처가 난 자신의 넓적다리를 남편에게 보여 주었다.

"세상에! 이런 짓을 하다니?"

"상처는 아물 테니까 걱정하지 마세요."

"그 동안 내가 당신에게 너무 무심했군. 모든 일을 다 말해 주겠소."

브루투스는 아내가 한 행동이 놀랍기도 했으나, 다른 한편으론 감격스러웠다. 그는 더 이상 망설이지 않고, 아내에게 그 동안 있었던 일을 모두 털어놓았다.

"그런 일이 있었군요. 이미 사실을 안 이상, 저도 당신과 한 편이 되어 돕겠어요."

"당신은 정말 현명한 아내요."

아내의 지지를 받은 브루투스는 그나마 마음의 안정을 찾은 듯했다. 드디어 카시우스 무리가 정한 3월 15일이 되었다.

"여보, 부디 일이 잘 되기를 바라겠어요."

"고맙소."

아침이 밝아오자, 브루투스는 서둘러 단검 한 자루를 몸에 지니고, 아내 포르키아의 배웅을 받고 집을 나왔다. 이미 카시우스의 무리들은 지정된 장소에 와 있었다.

"브루투스, 어서 오시오."

"아직 카이사르가 도착하지 않은 모양이군."

"그렇소. 정해진 시간보다 조금 늦는 것 같소."

암살 계획을 세운 무리들은 마음을 졸이며, 카이사르가 나타나기만을 기다리고 있었다. 계속 시간이 흘렀다.

"어떻게 된 거야? 왜 카이사르가 오지 않는가?"

"조금 전 사람을 시켜 알아보게 했으니, 곧 기별이 올 겁니다."

그 때, 카이사르의 일을 알아보러 간 병사가 숨을 헐떡이며 도착했다. 카시우스의 무리들은 급히 물었다.

"혹시 우리의 계획이 발각된 것은 아닌가?"

"그게 아니라 카이사르의 아내가 어젯밤 좋지 않은 꿈을 꾸었다면서, 카이사르의 외출을 말리고 있다고 합니다."

"이거 참, 곤란하군."

결국 카시우스는 사람을 보내, 카이사르를 밖으로 꾀어 내도록 했다. 그들과 함께 기다리고 있던 브루투스는 여유가 있었다. 일전에도 재판하던 중에 브루투스의 판결에 불만을 품은 죄인이 다짜고짜 대든 적이 있었다.

"당신은 틀렸어. 카이사르님께 다시 재판을 받겠어."

"잘 들으시오. 로마의 법은 사람에 따라 달라지는 게 아니오. 나는 내 감정과는 상관없이 법에 따라 당신에게 벌을 내린 것이오."

어떤 상황이 벌어져도 브루투스는 늘 침착했다. 시간이 흘러도 아직 카이사르의 모습은 나타나지 않았다. 기다리고 있던 카시우스의 무리들은 왔다갔다하며 초조해했다. 그 때 원로원 의원 중 한 사람이, 카시우스와 브루투스가 서 있는 곳으로 웃으면서 다가왔다.

"이번 일에 기대가 큽니다. 부디 성공하시길 빕니다."

"옛?"

원로원 의원은 더 이상 아무 말도 하지 않고 그 자리를 떠났다. 일을 꾸미려는 사람들 외에도 많은 관리들이 이번 일을 알고 있는 듯했다.

'휴, 이번 계획이 점점 힘들어지는군. 분명 카이사르의 귀에도 이 소식이 들어갔을지도 몰라. 카이사르를 모셔오라고 보냈던 사람도 소식이 없으니.'

답답한 마음에 카시우스는 자신도 모르게 한숨을 내쉬었다. 그 때, 멀리서 한 사람이 헐레벌떡 뛰어오는 것이 보였다.

"아, 저기 오는군."

"주인 나리, 큰일났습니다."

이렇게 외치며 브루투스를 찾은 사람은 다름 아닌 그의 집 하인이었다.

"아니, 자네가 여긴 웬일인가?"

"포르키아 마님께서 쓰러지셨어요."

브루투스가 외출하고 난 뒤, 남편의 일을 걱정하던 포르키아는 신경을 곤두세우고 있었다. 문 밖과 집 안을 드나들기를 여러 차례 하던 그녀는, 결국 정신을 잃고 바닥에 쓰러지고 말았다.

"알았네. 하지만 지금 난 이 곳에서 나갈 수 있는 형편이 아니니, 자네가 마님을 잘 돌봐 주게나."

하인을 돌려보낸 브루투스는 의사당 밖을 내다보았다. 멀리서 카이사르가 사람들에게 둘러싸여 걸어오고 있는 모습이 보였다.

'드디어 나타났군.'

카이사르 곁에 있던 한 신하가 그의 귀에 대고 뭐라고 속삭이는 듯했다. 카시우스는 같은 편을 돌아보며 나지막이 말했다.

"뭔가 중요한 일을 일러 주는 것 같은데. 만약 우리의 계획이 발각되는 날엔, 이 곳이 우리의 무덤이 될 각오들을 하시오."

"벌써 마음속으로 그렇게 작정하고 있었소."

"우리는 이미 한 몸이오."

그러나 브루투스만은 섣부른 행동을 해서는 안 된다고 그들에게 주의를 주었다.

"저들이 행동을 하고 난 뒤에 우리가 움직여도 되니, 급한 마음을 먹지 말고 기다려 봅시다."

카시우스 일행이 우려했던 일은 일어나지 않았다. 카이사르는 아무것도 모르는 채, 의사당으로 들어와 의자에 앉았다. 결국 카이사르는 그가 평소 아끼던 브루투스에게 마지막 칼을 맞고, 망토로 얼굴을 가린 채 죽음을 맞았다. 로마의 영웅 카이사르가 암살당한 사실은 곧 원로원들과 로마 시민에게 알려졌다.

"카이사르가 암살됐다!"

"반대파의 보복이 있을 것이니 어서 피하라!"

모두들 깜짝 놀라 살기 위해 도망을 치느라 바빴다. 의사당 밖으로 나온 브루투스는 사람들을 향해 큰 소리로 외쳤다.

"더 이상의 살인은 없을 것이니 진정하기 바랍니다!"

카시우스의 무리들과 함께 카이사르의 암살 계획을 세웠을 때, 안토니우스의 문제가 거론된 적이 있었다.

"안토니우스도 카이사르와 함께 없애야 합니다. 카이사르의 제일 충실한 부하이며, 막강한 로마 군대를 지휘하고 있는 그를 살려 둔다면 분명 우리를 그냥 두지 않을 것입니다."

"아니오, 이번 일은 카이사르 한 사람만 없애기로 합시다. 더 이상 다른 사람을 죽이는 일을 해서는 안 됩니다."

브루투스가 강력하게 주장하여, 안토니우스는 목숨을 건질 수 있었다. 그는 달아나는 사람들 틈에 섞여 몸을 피했다. 카시우스의 무리들과 브루투스는 카이사르를 죽인 칼을 손에 쥐고, 로마 시내로 향했다.

"이제 카이사르는 이 칼에 죽음을 맞았소! 로마의 독재자 카이사르는 없어지고, 자유와 평등을 되찾은 것이오!"

카시우스는 브루투스에게 귓속말로 이야기했다.

"어서 저 연단 위로 올라가 시민들을 진정시키는 연설을 하게."

이미 엎질러진 물이라 생각한 브루투스는, 카시우스의 말대로 시민들이 몰려 있는 광장의 연단으로 올라갔다.

"이 곳에 모여 주신 로마 시민 여러분! 우선 카이사르의 죽음 앞에 애도의 말을 전합니다. 저는 카이사르를 몹시 사랑합니다. 여기에 계신 시민 여러분들 중에 그를 아끼는 사람이 있다 하더라도, 저와는 비교가 안 될 것입니다. 그런데 저는 사랑하는 카이사르를 이 칼로 죽이고 말았습니다. 왜냐하면, 카이사르에 대한 사랑보다 로마 공화국을 지키고자 하는 마음 때문이었소."

광장을 가득 메운 사람들은 그의 연설에, 마치 물을 끼얹어 놓은 듯이 조용했다.

"카이사르는 로마의 황제가 되어 여러분들을 마치 노예처럼 부리려고 했습니다. 만약 여러분들 중에 그의 노예가 되고자 한 사람이 있었다면, 저는 그 사람들에게 큰 죄를 지은 것이 되는 것입니다. 그러나 대부분의 로마 사람들은 굶을지언정 자유를 원합니다. 저는 많은 로마 시민들의 자유를 지키기 위해서 독재자 카이사르에게 칼을 들이댄 것입니다. 앞으로도 로마를 한 개인의 손아귀에 넣으려는 사람이 나타나면, 역시 이 칼이 용서치 않을 것입니다. 이 곳에서 여러분께 약속드리겠습니다. 로마 시민을 위하여 이 한 목숨 바치겠습니다."

브루투스의 연설이 끝나자, 시민들은 손을 흔들며 그를 환영했다.

"당신이 진정한 로마의 영웅이오!"

"우리는 자유를 사랑하오!"

"독재자 카이사르는 하늘의 벌을 받은 것이오!"

연단 아래에서 연설을 듣고 있던 카시우스 무리들은, 시민들의 반응을 보고 겨우 안도의 한숨을 내쉬었다.

'다행이야. 역시 브루투스를 우리 편으로 끌어들인 건 잘한 일이야. 사실 로마의 영웅 카이사르를 죽인 일은 반란죄에 해당되니, 우리는 사형을 면치 못했을 거야.'

시민들의 환호에 답하기 위해 브루투스가 한 마디 덧붙였다.

"카이사르의 죽음은 역사에 남을 것입니다. 그가 이제까지 이루어 놓은 업적은 사실대로 평가해 주어야 한다는 것을 우리가 잊지 말아야 할 것입니다."

브루투스의 침착한 연설을 들은 시민들은 카이사르가 암살된 때의 흥분을 어느 정도 가라앉힐 수 있었다. 어느 새 나타났는지 카이사르의 부하 안토니우스가 상복 차림으로, 시민들이 있는 곳에 모습을 드러냈다.

"저 사람은 카이사르의 신임을 받던 안토니우스가 아닌가?"

"맞아, 안색이 몹시 좋지 않은걸."

"안토니우스 역시 시민들의 재판을 받아야 하지 않겠나?"

사람들의 수군거림을 못 들은 체하고, 브루투스가 서 있는 연단으로 천천히 걸어갔다. 안토니우스는 연단으로 가는 동안 많은 생각을 했다.

'로마 시민들이 이미 브루투스의 연설에 뜻을 같이하고 있어. 저들을 다시 설득하려면 침착해야 해.'

이윽고 시민들 앞에 우뚝 선 그는 입을 열었다.

"사랑하는 로마 시민 여러분! 여기까지 올라오는 길이 제게는 길고 힘이 들었습니다. 부디 마음을 가라앉히고 제 말에 귀를 기울여 주십시오. 저는 암살당한 카이사르의 장례식을 치르기 위해 이 곳으로 돌아왔습니다. 카이사르가 독재를 하려고 마음을 먹었다면, 당연히 벌을 받아야 할 것입니다. 저 역시 독재자는 원치 않기 때문입니다."

안토니우스는 시민들의 모습을 바라보며 잠시 말을 멈추었다.

"살아서는 영웅이었다고 하더라도 비참하게 죽음을 맞이하게 되면, 영웅이 저지른 나쁜 일들만이 사람들의 기억 속에 남게 되는 법입니다. 그러나 여러분들은 올바른 판단을 해야 합니다. 브루투스가 말하는 것처럼 카이사르가 황제가 되려고 했을까요?"

"무슨 소리냐? 카이사르는 우리를 자신의 노예로 만들려고 했어!"

한 시민이 안토니우스의 말에 반박하고 나섰다. 분위기가 험악해지는 걸 느낀 안토니우스는 분위기를 바꾸었다.

"저는 카이사르를 잘 알고 있습니다. 그가 얼마나 여러분들을 걱정하고 사랑했는지를 말입니다. 로마를 위해 자신의 재산은 한 푼도 따로 만들어 놓지 않았습니다. 게다가 어렵고 가난한 사람들을 보면, 혼자 눈물을 흘리곤 하는 것을 여러 번 본 적이 있습니다. 만약 그가 진정으로 황제가 되려고 했다면, 왜 제가 바친 황제의 왕관을 번번이 거절했을까요? 저 암살자들의 말에 의하면, 당연히 왕관을 받아들여야 하지 않았을까요? 제가 말씀드리려는 것은, 이제는 여러분들이 카이사르를 존경하고 있지 않다는 사실입니다. 몇 시간 전까지만 해도 카이사르는 여러분의 영웅이었습니다. 여러분들은 영웅의 죽음을 슬퍼할 권리가 당연히 있는 것입니다."

안토니우스는 갑자기 설움이 복받치는지 눈물을 흘리기 시작했다. 숨을 죽이고 듣고 있던 로마 시민들의 마음이 흔들렸다.

"지금 우리가 카이사르에게 무슨 짓을 하고 있단 말인가?"

"반란자들의 말을 쉽게 믿어 버린 건 아닌가?"

"안토니우스의 말을 들어 보자!"

시민들의 격려에 힘입은 안토니우스는 눈물을 거두었다. 브루투스의 합리적인 연설과는 달리, 감정에 호소하는 안토니우스의 연설에도 시민들은 귀를 기울였다.

"지금 카이사르의 시체는, 어느 누구도 거두어 주려는 사람이 없어 뒹굴고 있습니다. 참으로 어처구니가 없는 일입니다. 그러나 브루투스를 벌주자는 그런 뜻이 아니라는 것을 알아주시기 바랍니다. 여기 로마 시민에게 남긴 카이사르의 유언장이 남겨져 있습니다. 이 글을 읽어 내려가는 동안, 저는 여러분들을 위한 그의 마음을 다시 한 번 확인할 수 있었습니다. 하지만 여기서 공개하지는 않겠습니다. 아마 이 내용을 여러분이 알게 된다면, 이미 저 세상 사람이 된 카이사르의 시체를 붙들고 울지 않을 사람이 없을 겁니다."

안토니우스는 한 손에 높이 든 카이사르의 유언장을 흔들어 보였다. 이걸 본 시민들은 궁금함을 참지 못하고 외쳐 댔다.

"카이사르의 유언장을 공개하라!"

"유언장을 읽어라!"

시민들의 열광에 안토니우스는 말문을 열었다.

"여러분들의 함성을 듣는 순간, 여러분들의 마음속에는 아직도 카이사르가 살아 있다는 사실을 느꼈습니다. 전 그것으로 만족합니다. 카이사르의 유언장을 공개해서, 암살범들에게 위기감을 주고 싶지 않습니다."

이미 광장의 시민들은 시뻘건 난롯불처럼 스스로도 주체할 수 없을 정도로 흥분하고 있었다. 사실 안토니우스는 시간을 끌면서, 그들의 마음을 자기 손아귀에 넣고 있었다.

"여러분이 그렇게 원한다면 유언장을 읽어 드리겠습니다. 하지만 그 전에 봐 두어야 할 것이 있습니다."

안토니우스는 대기하고 있던 병사들에게 카이사르의 시체를 모셔오도록 명령을 내렸다. 잠시 후, 카이사르의 시체가 들것에 실려왔다.

"시체를 덮고 있는 망토를 걷어라!"

카이사르의 비참한 시체를 눈으로 직접 확인한 시민들은 고개를 돌릴 정도였다.

"아, 저럴 수가……."

"우리의 영웅을 저렇게 만든 자들을 없애야 한다!"

안토니우스는 다시 나서서 그들에게 연설을 했다.

"카이사르에게 칼을 들이댄 카시우스와 그 무리들이 저렇게 만든 것입니다. 게다가 그토록 아껴 주었던 브루투스마저 배신의 칼날을 들이댔을 때, 카이사르는 더 이상 저항을 하지 않고 죽음을 맞이한 것입니다. 저기 저 뻔뻔스런 반역자들을 보십시오! 영웅 카이사르를 저렇게 비참하게 만들어 놓고 태연히 서 있는 꼴을 말입니다."

"반역자들을 잡아 가두어라!"

"브루투스는 우리를 속인 나쁜 놈이다!"

여기저기서 고함을 지르는 시민들을 향해 안토니우스는 손을 내저었다.

"잠시 흥분을 가라앉히기 바랍니다. 그럼, 조금 전 약속대로 카이사르의 유언장을 읽어 드리겠습니다."

궁금하게 여긴 카이사르의 유언장 내용을 듣기 위해, 순식간에 광장 안이 쥐죽은 듯 조용해졌다.

"로마 시민 한 사람당 75드라크마씩 주라고 돼 있으며, 자신의 별장, 과수원, 목장 등 자신이 가진 모든 것을 로마 시민을 위한 공원이나 휴양지로 만들도록 하라고 써 놓았습니다. 여러분! 카이사르는 이런 분입니다. 이제 우리는 두 번 다시 카이사르 같은 유능한 영웅을 얻지 못할지도 모릅니다."

안토니우스의 말이 끝나자 시민들은 일제히 들고 일어났다.

"반란자들을 죽여라!"

"브루투스를 잡아라!"

로마 시민들은 손에 몽둥이를 휘두르며 암살범들을 찾아 나섰다. 시민의 한 무리는 곧 카이사르의 장례식 준비를 서둘렀다.

"카이사르의 장례식을 광장에서 치르세."

"그게 좋겠군. 로마 시민들이 그에게 용서를 비는 마음으로 말이야."

곧 시체를 화장하는 장례식이 거행되고, 로마 시민은 진정으로 영웅의 죽음에 눈물을 흘리며 슬퍼했다. 그 동안 카시우스와 브루투스를 포함한 암살범들은 재빨리 다른 나라로 피신을 했다. 뒤늦게 그들이 멀리 도망간 사실을 눈치챈 시민들은, 카시우스와 브루투스의 집으로 달려가 불을 질렀다.

'후후, 내 뜻대로 되는군.'

이제 로마는 안토니우스가 지배하게 되었다. 사실 로마 시민들의 존경을 받았던 브루투스와 안토니우스는 대조적이었다.

"브루투스는 무척 예민하고 마른 편인 데 반해, 안토니우스는 장교 출신답게 건장한 몸에 가끔 농담도 잘하는 편이지."

"맞아, 옷차림을 봐도 브루투스는 늘 단정한 편인 것에 비해, 안토니우스는 편안한 옷을 주로 입었어."

공적인 일을 처리할 때도 브루투스는 한치의 실수도 없이 법에 따라 재판을 했다.

"확실히 안토니우스는 브루투스와는 달라. 병사들이 실수를 하더라도 어깨를 두드려 주며 용기를 북돋워 주곤 하지. 브루투스 앞에 서면 왠지 긴장이 되곤 하지."

즉, 브루투스가 로마 시민들의 존경을 받았다면, 안토니우스는 시민들의 사랑을 듬뿍 받았다고 할 수 있었다. 카이사르의 죽음 앞에 이성을 잃은 시민들은 안토니우스에게 로마를 맡긴 후, 시간이 흐를수록 불안감을 나타냈다.

"안토니우스는 로마를 다스릴 만한 인물이 못 돼."

"자네도 그렇게 생각하는가?"

불평의 소리가 높아갈 즈음, 카이사르의 조카 옥타비아누스가 사람들 앞에 나타났다. 옥타비아누스는 카이사르의 마음에 들어 그의 양자로 올려져 있었다.

"소문 들었나? 카이사르의 양자 옥타비아누스가 돌아왔다는군."

"아마 카이사르의 암살 소식을 듣고 달려온 게지."

아폴로니아에 유학을 하고 있던 옥타비아누스는 스무 살이 채 안 된 청년이었다. 그는 로마에서 반란이 일어났다는 소식을 전해 듣고 급히 로마로 돌아온 것이었다.

"로마 시민 여러분! 카이사르의 후계자인 내가 유언장에 적힌 내용 그대로 여러분에게 나누어 줄 것이오."

"와, 옥타비아누스 만세!"

젊은 후계자인 옥타비아누스는 카이사르의 재산을 아낌없이 로마 시민들에게 골고루 분배해 주었다. 길게 줄을 늘어선 사람들은 입에 침이 마르도록 그를 칭찬했다.

"젊은 사람이 확실하게 약속을 지키는군."

"그러게. 말만 그럴듯하게 하는 안토니우스보다 훨씬 낫군."

안토니우스에게 실망을 한 시민들은, 옥타비아누스 쪽으로 마음이 기울었다. 결국 카이사르의 장례식 연설로 시민들의 호응을 얻었던 안토니우스와, 유학 길에서 갑자기 돌아온 옥타비아누스가 서로 세력 다툼을 벌이게 되었다.

로마의 정세는 하루가 다르게 변하고 있었다. 금방 권력을 잡는가 하면, 새로운 인물이 등장해서 맞붙곤 했다. 그 속에서 시민들은 올바른 선택을 하지 못한 채, 자신들에게 유리한 쪽을 찾아 헤맸다.

안토니우스가 좀더 강한 세력을 모아갈 즈음, 웅변가 키케로가 원로원에서 연설을 했다. 키케로는 사람들에게, 안토니우스의 바람직하지 못한 일들을 하나씩 예로 들어가며 공격했다.

"듣고 보니 그렇군."

"그럼 안토니우스 역시 브루투스와 마찬가지로 로마의 반역자가 되겠군."

키케로의 연설을 들은 사람들은 고개를 끄덕였다. 부하로부터 이 소식을 들은 안토니우스는 곧 키케로의 연설에 반박했다.

"키케로가 말한 것은 모두 거짓입니다. 나와의 개인적인 감정으로 인해 저런 거짓말을 쏟아 내고 있는 것입니다. 여러분들은 키케로가 하는 말들을 믿어서는 안 됩니다."

그러나 이미 사람들의 마음은 안토니우스에게서 떠났다. 결국 하루아침에 로마 시민들에게 버림을 받은 안토니우스는 외국으로 도망갔다.

'내가 지금은 몸을 숨기는 신세지만 앞으로 두고 봐라! 알프스에 있는 친구 레피두스에게 도움을 청해 이 설움을 갚아 줄 테니.'

안토니우스는 눈물을 머금고 로마를 떠나야 했다. 로마 사람들은 오늘은 브루투스를 지지했다가 내일은 안토니우스 쪽으로, 그리고 그 다음 날은 옥타비아누스에게 마음을 주며 갈팡질팡하고 있었다.

이 즈음, 그리스의 아테네로 건너간 브루투스는 자신의 처지를 한탄하지 않고, 아테네의 문명에 푹 빠져 있었다.

"로마에서 사람이 왔습니다. 만나 보시겠습니까?"

"들어오라고 하시오."

곧 로마 사정을 알리러 한 심부름꾼이 들어왔다.

"요즘 로마는 어떤가?"

"유학 길에서 돌아온 카이사르의 양자 옥타비아누스가 안토니우스를 로마에서 내쫓고 집정관이 되려고 합니다. 로마 시민들은 다시 재판장님을 그리워하고 있습니다."

심부름꾼이 말하는 재판장은 브루투스를 가리키는 것이었다.

"흠, 나를 내쫓은 안토니우스도 쫓기는 신세가 되었군. 로마의 앞날은 어떻게 될지 걱정이군."

브루투스는 로마에서 온 심부름꾼을 잘 대접한 뒤, 앞으로도 계속 소식을 전해 줄 것을 부탁했다. 그 후 얼마 지나지 않아 로마로부터 소식이 날아들었다.

"이번엔 로마에 무슨 일이 일어나고 있는가?"

"알프스 산으로 간 안토니우스의 세력이 생각보다 강하다는 것을 안 옥타비아누스는, 레피두스에게 부탁하여 안토니우스를 설득했다고 합니다."

"그래서 어떻게 됐나?"

"결국 옥타비아누스, 레피두스, 안토니우스 세 장군이 손을 잡고 로마의 권력을 마음대로 휘두르고 있습니다. 지금 로마는 죽어가는 사람들로 가득합니다."

심부름꾼의 말처럼 로마에서는, 권력을 잡은 세 장군에게 반대하는 사람들을 마구 잡아서 죽이는 일이 벌어지고 있었다. 원로원 의원이 3백 명, 로마의 이름 있는 의원들이 2천 명 이상이나 세 장군의 일에 반대한다는 이유로 죽음을 당했다.

"가서 늙은 키케로를 잡아오너라!"

안토니우스는 옥타비아누스와 화해를 하고 다시 로마로 돌아오자, 자신에게 불리한 연설을 해서 시민들의 원한을 사게 만들었던 키케로를 불렀다.

"어디 그 잘난 입으로 여기서 나를 헐뜯는 연설을 해 봐라!"

"……."

키케로는 아무 말도 하지 못한 채 고개를 숙이고 있을 뿐이었다.

"흠, 어서 죽여 달라는 뜻이로군. 좋아, 소원대로 해 주지. 여봐라! 당장 이놈을 끌어내어 죽여라!"

결국 키케로는 안토니우스의 명령대로 처참하게 죽고 말았다. 로마의 상황은 거의 최악의 상황이었다. 시민들은 무서움에 벌벌 떨며 지내야 했다.

"재판장님! 로마의 심부름꾼이 급히 전할 것이 있다고 합니다."

"어서 안으로 모셔라."

곧 브루투스가 있는 곳으로 심부름꾼이 들어왔다.

"어서 오시오."

"재판장님과 카시우스의 재판이 로마의 세 장군이 참석한 가운데 열렸습니다. 두 분을 제외한, 카이사르 암살에 가담했던 모든 사람들이 붙잡혀 들어왔습니다."

"재판 결과는 어찌 됐는가?"

"암살범 전원에게 사형이 내려졌습니다. 물론 두 분에게도 말입니다."

"이대로 가만히 있어서는 안 되겠군."

브루투스는 곧 이집트에 가 있는 카시우스에게 편지 한 통을 보냈다.

그 동안 어떻게 지내고 있는지 모르겠네. 자네도 로마의 소식을 들어 알고 있으리라 생각하네. 알다시피 지금 로마는 권력을 잡은 세 명의 장군들에 의해 피바다가 되어 가고 있네. 로마 시민들은 그 아래서 신음 소리조차 내지 못하고 숨을 죽이고 있어. 이제 우리가 나서야 할 때가 된 것 같아. 로마의 권력을 손에 넣자는 이야기가 아닐세. 단지, 로마의 평화를 위해서라네.

편지를 읽은 카시우스는 고개를 끄덕였다.
"이제 우리가 나서야 할 때군."
곧 카시우스와 브루투스의 동맹군이 결성되었다. 결전의 날을 기다리면서 브루투스는 로마에 있는 친구에게 편지를 썼다.

오랜만일세. 나는 지금 로마를 향해 가고 있는 중이라네. 카시우스와 나의 동맹군이 로마의 세 장군과의 싸움에서 이기게 되면, 로마의 자유를 찾는 게 될 거야. 만일 이번 싸움에서 지게 되더라도, 독재자들의 비참한 노예가 되는 것은 피할 수 있을 걸세.

브루투스는 로마의 세 장군들과 전투를 하기 위해 준비를 하느라 눈코 뜰 새 없이 바쁜 하루하루를 보내고 있었다. 카시우스를 비롯한 여러 장군들과 작전 회의를 하고 나면, 군대를 돌아보며 이곳 저곳을 살폈다. 그러다 자신의 천막으로 돌아와 늦게까지 책을 읽곤 했다.
어느 날, 역시 책을 읽느라 밤이 깊은 줄도 모르고 있었다. 이미 모두들 깊은 잠에 빠져 있어 사람의 그림자라곤 보이지 않았다.
'뭔가 이상한 느낌이 드는걸.'
이런 생각을 하면서 머리를 들어 문을 바라보았다. 혹시 누가 찾아오지 않았나 하는 생각에서였다.

"앗, 당신은 누군가요?"

사람의 모습을 하고는 있었지만, 마치 귀신처럼 오싹한 느낌이었다.

"나는 당신의 또다른 모습이라고 해 두지. 우리는 곧 만나게 될 것이다."

"무슨 소린가?"

브루투스가 되묻는 소리에 아무 대답도 하지 않은 채, 낯선 사람은 어디론가 사라져 버렸다.

"내가 꿈을 꾼 건가?"

다음날, 브루투스는 자신의 천막에 보초를 섰던 병사를 불렀다.

"혹시 어젯밤에 나를 찾아온 사람이 있었나?"

"없습니다."

"그래?"

너무도 생생한 일이었기에 꿈이라고는 생각되지 않았다.

'별일 아니겠지. 내가 피곤했기 때문에 헛것을 본 거야.'

드디어 옥타비아누스와 안토니우스 군대가 그리스의 필리피 평원에 진을 쳤다. 카시우스와 브루투스의 군대도 질서 정연하게 평원에 나타났다.

"우선 전투를 시작하기 전에 신들에게 제사를 지내도록 하겠다."

몸과 마음을 정갈히 한 군사들은 저마다 마음속으로 신에게 승리를 기원했다. 브루투스가 군사들 앞에 나서서 한 마디 했다.

"이번 전투에서 열심히 싸워 주기 바란다! 이미 그에 대한 보답으로 너희 가족들에게 50드라크마씩 보내 주었다."

"목숨을 걸고 싸우자!"

브루투스가 병사들에게 돈을 넉넉하게 준 데에 비해, 옥타비아누스의 군사들은 5드라크마씩밖에 급료를 받지 못했다. 게다가 먹을 것도 풍족

한 브루투스 군대는 병사들의 사기가 하늘을 찌를 정도였다. 상대편의 군대를 바라보고 있던 브루투스와 카시우스가 서로 이야기를 나누었다.

"브루투스, 이번 싸움으로 자네와 마지막이 될지도 모르겠군. 그러나 내 바람은 이번 전투에서 승리를 거두어서, 로마로 돌아가 남은 여생을 보내는 것이라네."

"그건 나도 마찬가지야."

"그럼 한 가지 묻겠네. 만약 이번 전투에서 궁지에 몰리게 된다면, 자네는 달아나서 다음 기회를 만들 것인가? 아니면 끝까지 싸워서 죽음을 맞이할 것인가?"

카시우스의 질문에 브루투스는 잠시 대답을 망설였다.

"내가 어릴 때의 일이었네. 먼 친척 중의 한 분이 위기에 몰려 자살을 하신 분이 있네. 그때 어린 마음에 '왜 비겁하게 죽음을 택했을까? 다음 기회를 기다리는 것이 옳지 않을까?' 하는 생각을 했었지. 하지만 지금은 생각이 달라졌네. 이미 내 목숨은 3월 15일에 로마를 위해 바쳤어. 지금 남아 있는 목숨은 로마의 자유를 위한 것이라네."

"훌륭한 결정이야."

두 사람은 서로 마주 보며 빙그레 웃었다.

"자, 이제 출격이다!"

브루투스는 손을 번쩍 들어 공격 신호를 보냈다. 곧 빨간 깃발이 하늘 높이 펄럭이고 전투가 시작되었다. 브루투스 군대는 옥타비아누스 군대를 향해 기세 좋게 달려들었다. 미처 준비를 하지 못한 옥타비아누스 병사들은 싸울 생각도 하지 못하고, 이리저리 도망을 치기 시작했다.

"이때를 놓치지 말고 밀어붙여라!"

"와!"

결국 옥타비아누스 군대는 제대로 창 한 번 던져 보지 못하고 지고

말았다. 한편, 안토니우스 군대를 맞아 전투를 벌이고 있던 카시우스 군은, 사방에서 쳐들어오는 적들에게 포위되어 어려움을 겪고 있었다. 옥타비아누스 군대를 무찌른 브루투스는 군사들을 이끌고 카시우스가 있는 곳으로 향했다.

"이런! 안토니우스 군대에게 몰리고 있나 보군. 어서 가서 카시우스 군대를 도와주어야겠다."

브루투스는 재빨리 말을 달렸다. 안토니우스 군대에 포위된 카시우스의 병사들은, 눈치를 보며 도망갈 궁리를 하고 있었다.

"뭣들 하는 거야? 어서 돌아오지 못해!"

달아나는 병사들을 큰 소리로 불러 보았지만 허사였다. 하는 수 없이 카시우스는 자신을 보호하고 있던 한 부대를 이끌고, 적들의 눈을 피해 진지로 돌아왔다. 카시우스의 진지 근처에 도착한 브루투스는 크게 실

망하고 말았다.

"아, 결국 카시우스의 진지가 안토니우스 군대의 손에 넘어가고 말았군."

카시우스와 한 부대가 본래의 자리로 되돌아와 있었지만, 이미 깃발과 천막이 안토니우스 군에 의해 엉망이 되어 버린 터라, 브루투스는 그만 오해를 하고 말았던 것이다.

"저기 몰려오는 것은 안토니우스의 군대가 아니냐?"

"제가 알아보고 오겠습니다."

카시우스 역시 브루투스 군대가 자신처럼 적들에게 패배한 것으로 잘못 알고 있었다. 그는 일단 정찰병을 시켜 알아보게 했다.

'만약 이리로 오는 병사들이 안토니우스의 군사들이라면, 내 목숨은 이미 끝난 것이다. 내 스스로 목숨을 끊겠다.'

한참을 달려간 정찰병은 가까이 오는 군대를 향해 소리를 질렀다.

"난 카시우스의 병사다! 당신들은 적의 군사들인가?"

"아니오! 잘못 봤소. 우리는 브루투스의 병사들이오."

"오, 신이시여! 감사합니다."

기쁨에 찬 정찰병은 자신의 진지를 향해 손을 흔들며 소리를 질러 댔다. 그러나 멀리서 이 모습을 지켜보던 카시우스는 실망을 했다.

"적들의 군사가 틀림없는 모양이로군. 저렇게 손을 내저으며 오지 말라고 하는 걸 보니 말이야. 이제 나는 끝났다."

자신의 병사들 앞을 물러나온 카시우스는, 아무도 모르게 조용히 천막 안으로 들어가서 목숨을 끊고 말았다. 나중에야 이 사실을 알게 된 브루투스는 카시우스의 싸늘한 몸을 붙들고 울부짖었다.

"이럴 수가……!"

결국 카시우스의 남은 군사까지 떠맡게 된 브루투스는, 혼자서 모든 일을 감당해 내야만 했다. 옥타비아누스와 안토니우스의 군대 역시 힘든 상태였다.

"휴, 이제 식량도 바닥이 난 상태로군. 게다가 늦가을인 지금 비가 쏟아져서 점점 추워지고 있으니 걱정이로군."

옥타비아누스와 안토니우스의 군사들은, 시간이 갈수록 불평을 했다.

"천막으로 비가 들이치니 도무지 견딜 수가 없군."

"저 진흙땅 좀 봐. 한번 발이 들어가면 빠져 나올 수가 없을 정도야."

"이런 곳에서 어떻게 전쟁을 하겠다는 건지 모르겠어."

더욱이 이탈리아에서 온 구원군 함대가 브루투스 함대에게 격파되어, 거의 물귀신이 되고 말았다는 소식이 들어왔다. 그에 비해 언덕 위에 군대를 배치하고 있는 브루투스 쪽은, 지리적으로도 유리한 편인데다가 식량도 넉넉한 편이라서 견딜 만했다. 이대로 전투가 길어진다면, 당연히 브루투스 군대의 승리로 끝날 것이었다. 그러나 해전에서의 승리 소식이 브루투스의 군대에 전해지기까지는 오랜 시간이 걸렸다. 이탈리아 병사 중 한 사람이 브루투스의 진지를 찾아왔다.

"난 이탈리아 병사요. 브루투스 장군께 전할 말이 있소."

"브루투스 장군은 포로의 말을 다 들어 줄 정도로 한가한 사람이 아니다. 할말이 있으면 내게 하라."

"좋소. 지금 해전에서 브루투스 군대가 승리를 했소. 이미 적들의 사기가 꺾였으니 이대로 기다리기만 하면, 이 곳에서도 당신들이 대승을 거둘 것이오."

"하하하, 그런 소식은 들은 적이 없다. 아마도 네가 우리에게 대접을 받고자 그런 거짓말을 하는 게로구나."

브루투스 군대의 병사는 이탈리아 포로의 말을 그냥 웃어넘기고, 보고하지 않았다. 이미 해전에서의 패배 소식을 접한 옥타비아누스의 군대는 마지막 공격을 하기로 결심했다.

"브루투스 군대를 공격하면서, 그들이 우리 쪽으로 깊숙이 들어오도록 유인해라. 그 틈에 적의 허술한 곳을 기습 공격하면, 우리가 이길 것이다. 알겠느냐?"

"옛!"

곧 전투가 시작되고, 옥타비아누스의 군대는 브루투스 군대를 공격했다가 뒤로 물러나기를 여러 번 시도했다. 약이 잔뜩 오른 브루투스 병사들은 이를 악물고 옥타비아누스 군사들을 뒤쫓기 시작했다.

"어디 따라와 봐라!"

"게 서지 못해!"

유인 작전이 옥타비아누스와 안토니우스의 계획대로 되자, 이 틈을 노려 브루투스의 군대를 기습 공격했다. 난데없는 공격에 브루투스의 군사들은 무너지기 시작했다.

"도망가지 말고 싸워라! 카시우스의 원수를 갚자!"

그러나 이미 쫓기기 시작한 군사들은 정신을 차릴 수가 없었다. 결국 브루투스 군대는 큰 손실을 입고 말았다.

"이리로 어서 피하십시오! 적들이 장군님을 찾느라 사방에서 몰려듭니다!"

"아, 이제 끝난 건가?"

부하의 보호를 받으며 브루투스는 몸을 피했다.

"브루투스를 놓치지 마라!"

"저기 브루투스가 도망간다!"

군사들이 한 곳으로 몰려들려는 찰나, 말을 탄 한 병사가 그들의 앞을 가로막았다.

"브루투스님이 여기 있다! 어디 잡아 봐라!"

말을 탄 병사는 곧 안토니우스 병사들에게 사로잡혀, 밧줄로 꽁꽁 묶인 채 안토니우스 앞으로 끌려갔다.

"어디 고개를 들어라!"

잡혀 온 포로는 천천히 고개를 들었다.

"아니, 넌……."

"그렇다! 난 브루투스가 아니라 그분의 친구인 루킬리우스다. 브루투스 장군님은 목숨을 끊을지언정 적의 포로가 되실 분이 아니다. 장군님을 위해 내가 할 일을 한 것뿐이다. 이제 내 목숨은 당신들 마음대로 하라."

옆에 있던 병사는 기가 막히는지 루킬리우스를 향해 칼을 뽑았다.

"에잇! 감히 우리를 속이다니……."

"잠깐! 그 칼을 내려놓게. 비록 적이긴 하지만, 모시던 상관을 위해 용기를 내다니 얼마나 훌륭한 병사인가? 그대가 허락한다면 우리 편이 되어 주시오."

그 사이 도망친 브루투스는 깊은 숲 속까지 이르게 되었다.

'달이 무척 밝구나.'

브루투스는 밤하늘에 반짝이는 별을 바라보면서, 평소 좋아했던 시를 한 편 읊었다. 그리고는 조그맣게 소리를 내어, 죽은 사람들의 명복을 빌었다.

"그 동안 전투에서 목숨을 내걸고 싸운 많은 병사들이여! 그대들이야말로 진정한 로마의 영웅이다."

브루투스는 홀가분해진 한편, 마음이 무척 무거웠다.

'이제 내게 남은 것은 아무것도 없다. 오늘처럼 마음이 편한 적이 없었던 것 같구나. 그러나 남겨진 로마의 미래를 생각하니 가슴이 찢어지는구나.'

그는 넓은 바위 위에 앉아, 지나간 세월을 생각하며 밤을 지새웠다. 이윽고 어둠이 걷히고 새벽이 밝아 왔다. 곧 자신과 함께 온 병사들을 불러모은 브루투스는 그들에게 악수를 청했다.

"너희들의 훌륭한 충성심은 역사에 남을 것이다. 이번 전투에서 비록 패했지만 후회는 없다. 여러분들 역시 나와 같은 생각일 거라고 생각한다. 옥타비아누스 군대와 우리의 군대 중 누가 정의로운 쪽인가는 후세 사람들이 평가해 줄 것이다."

"왜 그런 약한 말씀을 하십니까?"

"아니다, 이제 전쟁은 끝났다. 너희들은 이제 자유다. 가고 싶은 곳으로 가도록 해라."

"아, 장군님……."

병사들은 눈물을 훔치며 그 자리를 떠날 줄을 몰랐다.

"어서 가지 않으면 내 칼에 죽을 것이다!"

하나 둘씩 병사들은 브루투스의 눈치를 살피며 사라져 갔다. 이제 홀로 남은 브루투스는 마지막 결심을 서둘렀다. 언젠가 자신의 천막 안에서 본 물체가 바로 이 순간의 자신이라는 것이 어렴풋이 기억이 났다.

"로마의 자유와 평등을 위하여!"

하늘을 향해 소리쳐 외친 브루투스는, 품속에 품었던 칼을 꺼내 자신을 찌르고 말았다.

"윽!"

외마디 소리를 지르며 로마의 위대한 시민 브루투스는 눈을 감았다. 이 때 그의 나이 마흔세 살이었다. 달아난 브루투스의 병사들에 의해 이 곳을 찾아온 안토니우스는 브루투스의 시신을 발견했다. 안토니우스는 자신이 입고 있던 붉은색 망토를 벗어 브루투스의 시체에 덮어 주었다.

"장례식을 잘 치러 주어라."

병사에게 명령을 내리고 뒤돌아서는 안토니우스의 눈이 붉게 충혈되었다. 그 후, 남편의 자결 소식을 전해 들은 아내 포르키아 역시 목숨을 끊었다고 한다.

최후까지 로마 시민의 자유와 평등을 위해 싸웠던 브루투스의 정신은 역사에 길이 남았다.

작품 알아보기
(장편문학)

〈**플루타르크 영웅전**〉은 로마의 전기 작가 플루타르코스가 테세우스와 로물루스, 알렉산더 대왕과 시제 데미스토클레스처럼 그리스와 로마의 정치가로서 유사한 점이 있는 인물들을 대비하여 서술한 내용이 주축을 이룬다. 23쌍 즉, 46명의 인물들의 대비적인 전기이며 각 조의 끝에는 원칙적으로 그 두 인물의 비교 평론이 서술되어 있다. 이 밖에도 4명의 전기가 별로도 실려 있지만 없어진 부분도 있는 것으로 추정된다.

저자는 각 인물들의 훌륭한 행동은 물론 사악한 행동도 역설적인 의미에서 교훈이 될 수 있다는 의도 아래 썼던 것으로 미루어, 정확한 역사를 서술하고자 했던 의지는 없었던 것으로 보인다. 플루타르코스는 플라톤의 철학을 신봉하며 박학다식한 것으로 유명했다. 그래서 자신이 가진 폭넓은 지식을 동원하여 동서고금의 서적으로부터 민간에 전해져 내려오는 이야기에 이르기까지 모든 자료를 구해 각 인물의 일생을 서술하였다. 이 책은 고전 연구를 하는 데 큰 역할을 하였을 뿐만 아니라, 셰익스피어나 괴테 같은 대문호에게도 큰 영향을 주었다.

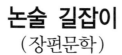

논술 길잡이
(장편문학)

❶ 다음은 테미스토클레스의 어린 시절, 아버지가 바닷가의 부서진 배를 보여 주며 그에게 한 말이다. 글을 읽고 그의 훗날의 생애와 비교해 보고 쓰라.

> "바로 이 배가 정치가의 운명과 같다고 할 수 있단다. 처음엔 사람들이 정치가를 존경하며 받들지라도, 결국엔 이 배처럼 사람들에게 버림을 받고 말 거야."

....

....

....

....

....

....

논술 길잡이
(장편문학)

❷ 다음 등장 인물들의 말과 행동을 통하여 각자의 성격을 파악해 보고, 그 근거를 찾아 써 보자.

등장 인물	성 격	근거(말이나 행동)
테미스토클레스		
알렉산더 대왕		
카이사르		
폼페이우스		
브루투스		

논술 길잡이
(장편문학)

❸ 알렉산더 대왕은 원정길에서 나그네로부터 얻은 귀한 물을 마시려다가 땅바닥에 쏟아 버린다. 왜 그랬으며, 그것이 부하들에게 어떤 영향을 주었는지 적어 보자.

....

....

....

....

❹ 알렉산더 대왕은 해외 영토 정복 외에, 문화적 업적도 많이 남겼다. 이 같은 업적을 그가 자라면서 받은 교육과 연관지어 논술해 보자.

....

....

....

....

논술 길잡이
(장편문학)

❺ 아래 그림은 로마의 집정관이 된 카이사르와 폼페이우스, 크라수스가 시민들로부터 환영을 받는 장면이다. 이들 세 사람이 시행한 정치 형태를 무엇이라 하며, 그 후 결과는 어떻게 되었는지 본문에서 찾아 써 보자.

논술 길잡이
(장편문학)

❻ 카이사르가 갈리아 원정 중, 원로원으로부터 '군대를 해산하고 로마로 돌아오라.' 는 지시를 받고 로마로 진격할 때, 루비콘 강을 건너기 직전 한 유명한 말은 무엇이며, 그것이 뜻하는 내용을 써 보자.

....

....

....

....

❼ 카이사르의 두터운 신임을 받던 브루투스가 카이사르를 살해한 동기와, 시민 앞에서 연설한 살해 명분에 대해 써 보자.

....

....

....

....

논·술·세·계·대·표·문·학 〈전60권〉

펴 낸 이   정재상
펴 낸 곳   훈민출판사
주   소   경기도 고양시 덕양구 원당동 416번지
대 표 전 화   (031)962-3888
팩   스   (031)962-9998
출 판 등 록   제395-2003-000042호